陪伴你，读懂你

资深心理专家帮您破解孩子成长的烦恼

杜亚松　主编

科学普及出版社
·北　京·

图书在版编目（CIP）数据

陪伴你，读懂你：资深心理专家帮您破解孩子成长的烦恼 / 杜亚松主编. — 北京：科学普及出版社，2015
ISBN 978-7-110-09237-8

Ⅰ．①陪⋯　Ⅱ．①杜⋯　Ⅲ．①家庭教育－教育心理学　Ⅳ．①G78

中国版本图书馆CIP数据核字（2015）第245768号

策划编辑	郭　璟　侯满茹
责任编辑	侯满茹
责任校对	凌红霞
责任印制	马宇晨
封面设计	孙雪骊
排版设计	青青虫工作室

出版发行	科学普及出版社
地　　址	北京市海淀区中关村南大街16号
邮　　编	100081
发行电话	010-62103130
传　　真	010-62179148
投稿电话	010-62103166
网　　址	http://www.cspbooks.com.cn

开　　本	787mm×1092mm　1/16
字　　数	240千字
印　　张	14.5
版　　次	2016年1月第1版
印　　次	2016年1月第1次印刷
印　　刷	北京玥实印刷有限公司
书　　号	ISBN 978-7-110-09237-8/G・3878
定　　价	36.00元

（凡购买本社图书，如有缺页、倒页、脱页者，本社发行部负责调换）

编委会

主　编

杜亚松　上海交通大学医学院附属精神卫生中心　主任医师

副主编

陈一心　南京医科大学附属脑科医院儿童心理卫生研究所　主任医师
李正云　上海师范大学　教授
胡珍玉　浙江省宁波市康宁医院　主任医师
林　红　北京大学精神卫生研究所临床心理中心　办公室主任

编　者（排名以拼音为序）

杜丽娟　新乡学院心理学教研室　教授
贺丹军　南京医科大学第一附属医院　主任医师
匡桂芳　山东省青岛市妇女儿童医院　主任医师
孔德荣　河南省郑州市第八人民医院（郑州市精神卫生中心）　主任医师
江文庆　上海交通大学附属精神卫生中心　主治医师
刘晓瑛　江苏省苏州市立医院　主任医师
卢建平　深圳市康宁医院　主任医师
陆素琴　山西省妇幼保健院山西省儿童医院　主任医师
马　筠　华中科技大学附属精神卫生中心　主任医师
王新本　黑龙江省哈尔滨市心身医学研究所　主任医师
夏　倩　南京晓庄学院心理健康教育与研究中心　副教授
薛　漳　福建省福州市儿童医院　主任医师
詹明心　南京医科大学附属脑科医院　主治医师
周　翔　广东省珠海市妇幼保健院　副主任心理治疗师

学术秘书

江文庆　上海交通大学附属精神卫生中心　主治医师
詹明心　南京医科大学附属脑科医院　主治医师

前言

2013年9月22日，在美丽的武汉，由各位心理卫生领域的专家见证，中国心理卫生协会心理治疗与心理咨询专业委员会下儿童青少年心理治疗与心理咨询学组成立了。该学组的成立，既是心理治疗与咨询事业的发展，又是对儿童青少年心理治疗与咨询工作专业人员的极大支持。

在儿童心理治疗学组成立的当天晚上，全体委员非常兴奋地聚在所住酒店的咖啡馆，谈兴奋的心情、谈学组的发展、谈个人的见解、谈未来的设想……总之，谈了很多很多。作为一项很主要的提议和设想，大家一致同意在学组成立一周年的时候，撰写一本儿童心理健康促进的科普书籍奉献给青少年和他们的家长以及立志从事青少年心理卫生工作的专业人员，旨在推动大众对于青少年心理卫生健康的重视和促进。

近30年来，我们对青少年心理健康的重视以及青少年心理健康的发展体现在以下几个方面：①关注青少年心理健康的人逐渐增多。这些人包括家长、老师、儿童保健医生、学校卫生老师、社区卫生工作者、心理咨询师以及儿童精神科医师。②人们对青少年健康的关注焦点不仅包括身体发育、身体健康，还包括心理卫生、身心健康和生活质量。心理卫生状况（mental health status）已经变成衡量一个青少年是否健康的重要标志，并且在不少医疗机构、儿童保健机构得以实施。③社会、政府开始重视儿童心理健康，《中华人民共和国精神卫生法》的颁布和实施极大地推动青少年心理健康的促进。④青少年心理卫生服务的多样化，心理咨询和心理治疗是非常主要的组成部分。

本书撰写，得到了中国心理卫生协会心理治疗与心理咨询委员会下儿童青少年心理治疗与心理咨询学组所有委员的大力支持，他们积极出谋划策，讨论本书的架构和内容，并最后执笔撰写，使本书最终得以完成。所以，在此感谢本书的所有编写者，正是有了他们的辛勤劳动，才使本书得以付梓。

书中难免有这样或那样的缺点和错误，我们真诚地希望专家和读者读后不吝指导，以便于修改和更正。我的电子邮箱地址是 yasongdu@163.com，欢迎联系。

杜亚松

2015年1月3日于上海

目 录

第一篇 婴幼儿成长过程心理状态分析

亲子亲密第一步——正确喂养宝宝 3

如何看待喂养行为与母子依恋关系的建立？....4
如何看待喂养对婴幼儿睡眠模式的影响？....5
怎样区分小婴儿过度哭吵与喂养不当引起的啼哭？....6
喂养行为对婴幼儿语言发育有影响吗？....8
怎样帮助家长做好婴幼儿各阶段喂养准备？....9
怎样看待婴儿过度喂养？....10
常见的喂养问题有哪些？....11
婴幼儿期的饮食问题及影响因素有哪些？....13
饮食行为问题的家庭干预方法有哪些？....14

宽松对待言语和语言障碍 17

幼儿口吃正常吗？....18
幼儿发音障碍有什么特征？....19

正确疏导幼儿常见"小毛病" 21

孩子胆小退缩怎么办？....22
孩子过分依赖怎么办？....23
孩子任性怎么办？....23
孩子不合群怎么办？....24

孩子爱哭怎么办？....25
孩子缺乏耐心怎么办？....26
孩子爱发脾气怎么办？....26
如何对待孩子的攻击行为？....27
如何对待幼儿的逆反心理？....28
孩子分离焦虑怎么办？....29
如何对待宝宝咬指甲的行为？....30
孩子遗尿怎么办？....30
幼儿有交叉擦腿动作怎么办？....31

第二篇　帮孩子塑造健康的心理人格

性别教育应抓住关键时机 35
孩子的性别角色观念是如何发展起来的？....36
男孩和女孩是不一样吗？....38
是什么动力使个体性别化的？....40
如何对男孩和女孩因材施教？....41

帮助孩子建立积极健康的人际关系 45
为什么人际交往对孩子很重要？....46
孩子早年的依恋关系决定以后的人际交往模式？....48
父母如何培养孩子的安全感？....50
孩子会有哪些沟通方式？....52
如何帮助孩子学会沟通？....53
孩子的人际交往有什么特点？....55
青少年人际交往有什么特点？....57

家庭关系如何影响孩子的心理塑造 59
如何成为一个好妈妈？....60
父亲的角色有多重要？....68
冷漠型夫妻关系对孩子有什么影响？....72

指责型夫妻关系对孩子有什么影响？....74
吞噬型夫妻关系对孩子产生什么影响？....75
离异家庭对孩子产生什么影响？....77
如何改变夫妻关系？....79

第三篇　帮孩子快乐度过学龄期

亲子共渡入学"难关"....85
如何帮助孩子入读幼儿园？....86
孩子在校受委屈怎么办？....87
家长该不该陪读？....88
如何给老师提意见？....90
教师节要不要"表心意"？....91
接送孩子到几时？....92
老师批评孩子后家长怎么办？....93
如何准备家长会？....94
如何做好幼小衔接？....96

学习兴趣从小培养....99
孩子对学校环境适应不良怎么办？....100
如何从小培养孩子的学习兴趣？....102
如何干预学校恐怖症儿童？....103
孩子逃学怎么办？....105
孩子厌学怎么办？....107

学习困难积极应对....111
什么是儿童学习困难？....112
学习困难儿童有哪些特征？....113
儿童学习困难形成的原因是什么？....114
学习困难儿童和低智商的儿童有什么区别？....115
孩子学习困难，家长怎么办？....115

什么是儿童阅读障碍？....116

家长和老师如何应对儿童的阅读障碍？....119

学习情绪轻松调节 121

孩子学习成绩下降，家长怎么办？....122

孩子厌学，家长怎么办？....123

如何让孩子表达自己的情绪？....126

如何处理孩子的情绪？....128

孩子有恐惧，怎么办？....129

孩子有悲伤，怎么办？....131

孩子有愤怒，怎么办？....132

第四篇　特别的孩子给予特别的关爱

孤独症 137

孤独症的发病原因是什么？....138

孤独症的特征性症状是什么？....139

阿斯伯格综合征有什么特点？....140

结构化教育的特点有哪些？....141

应用行为分析法有什么特点？....142

图片交换沟通系统的特点是什么？....143

地板时间训练方法的特点是什么？....144

注意力不集中/多动症 147

什么是注意缺陷多动障碍？....148

什么是广泛性多动和境遇性多动？....149

不同年龄阶段的注意力不集中/多动症孩子都有什么样的表现？....150

成年人也有多动症吗？....152

注意力不集中/多动症孩子学习困难的原因和特点是什么？....153

造成注意力不集中/多动症的原因有哪些？....154

注意力不集中/多动症需要做些什么检查？....156

注意力不集中/多动症有性别差异吗？....158

大脑发育成熟后，注意力不集中/多动症状会改善吗？....159

多动症儿童有哪些睡眠问题？....160

陪注意力不集中/多动症孩子读书会导致什么后果？....161

注意力不集中/多动症儿童的家长应该如何做？....162

药物治疗注意力不集中/多动症能解决多大问题？....164

焦虑情绪 167

什么是焦虑情绪？....168

什么是考试焦虑症？....169

如何面对考试焦虑症？....169

什么是儿童广泛性焦虑障碍？....170

什么是分离性焦虑障碍？....171

什么是儿童社交焦虑障碍？....172

儿童焦虑障碍如何实施心理治疗？....173

抑郁症 175

儿童也有抑郁症吗？....176

儿童抑郁症的基本特征是什么？....177

儿童抑郁症有哪些心理治疗方法 178

强迫情绪 179

什么是强迫情绪？....180

儿童强迫症有哪些特点？....181

强迫症状有正常的吗？....183

如何对强迫症儿童实施心理治疗？....184

儿童癔症 185

什么是儿童癔症？....187

癔症有哪些共同特征？....187

分离性障碍有哪些主要临床特征？....188

转换性障碍有哪些主要临床特征？....189

如何识别儿童是否患上了癔症？....190

造成癔症的原因有哪些？....191
癔症的主要心理治疗方法有哪些？....193
治疗癔症的其他方法有哪些？....194
流行性癔症是怎么回事？....195
流行性癔症如何处理？....197

躯体形式障碍....199

什么是躯体形式障碍？....200
儿童躯体形式障碍的病因有哪些？....201
父母不良的养育方式可能引起躯体化症状吗？....202
躯体形式障碍的心理治疗方法有哪些？....204
躯体形式障碍症状常见于哪些儿童情绪障碍？....205

特殊儿童心理....207

肢体残疾孩子的心理特点是什么？....208
肢体残疾孩子的父母该怎么做？....209
盲童的心理特征是什么？....210
盲童的父母该怎么做？....213
聋哑孩子心理特点是什么？....214
聋哑孩子的父母该怎么做？....215
糖尿病孩子的心理和行为特点有哪些？....216
糖尿病孩子的父母该怎么做？....217
先天性心脏病孩子的心理特点有哪些？....218
先天性心脏病孩子的父母该怎么做？....220

第一篇

婴幼儿成长过程
心理状态分析

亲子亲密第一步——
正确喂养宝宝

十月怀胎,孩子呱呱坠地,准妈妈在懵懂中成了妈妈。良好的母子依恋的行程是婴儿情绪社会化的重要标志之一,而母婴喂养过程是母子建立情感联系和产生依恋的过程。

如何看待喂养行为与母子依恋关系的建立？

剖宫产10天了，孩子吃配方奶，这是否会影响到和孩子的感情，现在还感觉不到对宝宝的亲近，是不是自己不正常？初为人母，对宝宝的这种感觉是天生的吗？如果自己一直和婴儿待在一起，是否能更快地建立起良好的母子依恋关系？

依恋是婴儿与母亲之间一种积极的、充满深情的感情联结，可以起始于产前在超声波显示屏看到他的一刹那，或在妈妈肚子里踢妈妈的那一刻；也可以起始于在产前检查中，听到他心跳声的时候。

许多父母说，孩子一生下来就能感觉到对他的爱。但是婴儿的感情联结不一定都形成得这么快。通常是婴儿与母亲在相互行为交往和感情交往的过程中逐渐形成的。母婴依恋的形成是婴儿情绪社会化的一个重要标志。婴儿喂养过程是母婴建立情感联系和产生依恋的过程。喂养时母婴肌肤之间的亲密接触、对视，妈妈微笑的脸、温柔的抚爱等都会使婴儿在生理、心理上得到满足。母亲的亲密接触和精心的照料，使婴儿对母亲产生信任感和建立起依恋关系。在此基础上，婴儿逐渐发展起对周围世界的信任和安全感。如不能满足婴儿对母亲爱抚及亲密接触的渴求，孩子学习和沟通机会受到限制，接触各种信息和刺激的机会也相对减少，这将不可避免地影响孩子活动和探索的兴趣，导致孩子各种技能发展迟缓。如此一来，婴幼儿易表现出反应淡漠、消极或情绪不稳定。因此，缺乏和忽略这种早期关系和早期经验，有可能导致胆小恐惧、焦虑、呆板迟钝、孤僻不合群、好哭闹、人际交往障碍等。

如果你没感到对初生宝宝有强烈的爱，并不是你不正常或不适合做母亲，其实只有2/3的母亲对初生宝宝有突然而至的感情冲动，别担心你对做母亲会出现的这种复杂的情感，这是正常的。有些刚出生就被送到婴儿特别监护室的宝宝父母，和剖宫产或难产的母亲常常担忧与宝宝分离会破坏他们之间的感情联结。错过这些早期接触的时间虽然令人遗憾，不过以后还是有时间和宝宝建立感情联结的。如果你不能与宝宝马上形成感情联结，可能是你产后疲劳、贫血或剖宫产后手术伤口疼痛等原因引起，宝宝太吵闹或身体不好都可能是影响你这种感觉的原因。

有些家长担心人工喂养会影响到母婴依恋关系的建立，实际上母乳喂养也并不是感情联结必需的条件。许多人工喂养的孩子，通过父母、抚养人与婴儿很好的交流，如温柔地抚摸孩子、和他对视、交谈，理解他的需要，这样做肯定对感情联结的建立有帮助，也有助于孩子认识你的声音和脸。由于婴儿主要是通过模仿学习的，因此在孩子的发育过程中，这种一对一的交流也起着重要的作用。家长不必因人工喂养就一直陪着孩子，如果你一直让孩子待在你的身旁，通常会让孩子感到比较安全，许多父母亲都比较喜欢随时随地地了解孩子的安全，从不让孩子离开自己的视线，过度关注孩子的行动。其实让别人照看一会孩子，并不意味着你缺乏养育本能，所以不必为此感到愧疚。

如何看待喂养对婴幼儿睡眠模式的影响？

宝宝8个月了，母乳喂养，夜里要哭闹好几次，每次吃几口奶就又睡着了，吃进肚里的奶量并不多。白天睡觉易惊醒，要抱着睡，不然的话就拼命哭吵。孩子每天哭闹把我弄得筋疲力尽。请问，孩子8个月，夜间还要喂奶吗？现在可以分床睡吗？每天睡多长时间算正常？

睡眠和饮食是婴儿出生后1年内主要的两项活动，睡眠是恢复和调整人体机能的重要生理过程。睡眠不足直接影响婴儿精力和体力的恢复，长期睡眠障碍还影响婴儿的体格发育，出现神经、行为发育落后。入睡困难和频繁夜惊是婴儿睡眠异常的主要表现，可能与不良的喂养行为有关，如入睡前需要奶头或奶嘴、摇晃、拍或抱着走动等安抚才能入睡。家长对婴儿夜间睡眠过度关注而频繁喂奶、勤换尿布及不当安抚婴儿等因素都有可能是婴儿睡眠异常的原因。有些母乳喂养的婴儿易出现入睡困难和频繁夜醒，可能因为母乳易消化吸收，常引起夜间喂奶次数增加，影响婴儿睡眠；母乳喂养的婴儿与母亲同床睡眠率高，相互干扰睡眠而引起睡眠不佳；母乳喂养的婴儿对睡眠安抚需求较大，含着奶头入睡的依赖性影响了婴儿的睡眠质量。

为确保婴儿有良好的睡眠状态，家长应采用科学的喂养方法，要充分了解婴儿自身睡眠和觉醒生物规律。这一规律是依赖大脑皮质和皮质下神经的活动来进行调节的。睡眠是一个安静睡眠期（非快速眼动期）、活动睡眠期（快速眼动期）交替出现的过程，交替一次为一个睡眠周期，每夜约4~6个周期。新生儿时期睡眠时间有个体差异，平均每天睡眠时间16~17小时，睡眠和觉醒周期相对短，3个月婴儿睡眠量略减，但周期较长些。70%的3个月婴儿夜间能顺利入睡，至6个月时，85%的婴儿入睡顺利，约10%的1岁孩子每晚有夜醒。此时，大多数儿童已建立了较稳定的睡眠模式，即长时间夜间睡眠和早上及午后小睡模式。为了避免不良的喂养行为影响婴儿稳定的睡眠模式形成，建议出生后1个月开始尝试定时喂养，出生4个月停止夜间喂养，6个月婴儿要和大人分床自行入睡，分床睡使孩子过热的可能性减小。

随着孩子长大，他可以随意地不睡觉，活动度增加，也可影响到你的睡眠。其他初为父母的人有着跟你一样的诸如睡眠不足等问题，有时会让父母们很烦躁，如果你不能整晚都睡好，最好养成白天打盹的习惯，晚上把婴儿安置上床睡觉后，自己也要去睡觉，不要熬夜看电视或上网。如果有可能的话，让你的丈夫或家人晚上定点照看婴儿。其实婴儿在白天明亮的房间也能入睡，所以白天孩子睡觉时你不需要拉上窗帘，让婴儿学会对白天和晚上有所区分。当然，也不要过度地关注婴儿的睡眠，要减少睡眠安抚及觉醒后不当安抚，不要采取抱着、拍着、摇晃或含着奶头入睡的习惯，给婴儿一个相对独立、安静的睡眠环境，始终一致和保持规律性，这样才能有效地让婴儿建立稳定的睡眠模式。

怎样区分小婴儿过度哭吵与喂养不当引起的啼哭？

我宝宝刚出生2周，吃奶正常，大小便也正常，生长良好。可每天总是哭吵，哭起来声音特别强烈，有时候持续1小时，时常发生在午后或傍晚时分。我们以为宝宝因饥饿而啼哭，但在喂奶后，宝宝仍啼哭不止，不知如何处理。

过度哭吵常见于出生不久的新生儿，可持续至出生3~4个月。婴儿在一天中有发作性的激惹或哭吵，总计3小时以上，一周3天以上，除了这些表现之外，婴儿食欲良好，也很健康。由于该现象是婴儿持续过度哭吵，其他方面均健康，因此必须与两种情况相鉴别：一是正常的啼哭；二是身体疾病或喂养不当的啼哭。

（1）正常的啼哭：常常在婴儿出生2周开始，6周时达高峰，几乎每天平均3小时的啼哭。至3个月时，啼哭逐渐减少，每日平均1小时左右，哭吵的时间短、强度弱、对刺激的阈值反应强度适中，易安抚。

（2）喂养不当：喂养不足或过度喂养，不适当的吸吮等均可至小婴儿过度哭吵。

（3）疾病：中耳炎、肠痉挛、嵌顿性疝和胃—食道反流、食物过敏等因素也可造成婴儿阵发性啼哭，常伴有生长发育落后。

对于小婴儿过度哭吵这一行为有两个因素要考虑：①生理性诱因方面主要考虑的是气质或情绪反应。婴儿的气质或情绪反应，特征有相当大的差异性。部分气质较敏感、易激惹和紧张，适应性较差的婴儿，因为感觉阈值低而容易哭吵，他们对环境的不适应感觉输入更脆弱，易受到伤害。②在父母育儿方面，有些父母不懂使用适当的应答满足婴儿的需要，这样就增加了婴儿突然哭吵得时间。缺乏经验和存在焦虑情绪的父母，对婴儿的应答更缺乏敏感性。而过分的、不适当的应答婴儿，例如当婴儿在大哭大吵时，抱起他，这一行为既是婴儿以后哭吵的原因，又是婴儿以后持续哭吵的一个反应。这说明父母还没有学会与婴儿之间和谐的相互配合。

对于小婴儿过度哭闹的干预方法：①通过医生体格检查，评估婴儿健康方面的问题，如排除疾病所致的哭吵，家长要减少先前的担忧和焦虑。哭吵可能意味着婴儿情绪而不是疼痛。父母要充分相信自己的能力。②父母要注意观察婴儿是否易激惹，哭吵时的强度、持续时间，是否容易安抚等来区分婴儿啼哭类型。有些父母亲对婴儿哭吵有羞愧、发怒、害怕、试图安慰孩子、过度喂奶等反应，这样一些不良应答方式更容易造成婴儿的过度哭吵。③对过度哭吵婴儿的照料，父母可能需要改变方式。有的父母可能对孩子照顾过度，有的父母可能在不适当的时候给予孩子照顾。因此，父母应当改善策略，例如避免过多地用摇晃、抱或喂奶来安抚婴儿。要用重复的声音、奶瓶喂热水等刺激小一些的方法来处理，纠正以往不良的应答方式。如果能按照上述方法做，孩子过度哭吵一般在2~3日便会减少。

喂养行为对婴幼儿语言发育有影响吗？

孩子已经两岁半了，讲话还不太清楚，吃饭还要喂。饭总是含在嘴里不嚼，也不下咽，菜和水果要搅成浆灌在奶瓶里吸吮下肚。去医院就诊，医生说孩子是喂养行为不当，口腔功能未得到很好的锻炼，影响了语言发育。请问，喂养行为对婴幼儿语言发育有这么大的影响吗？

咀嚼和语言发育是有密切关系的，咀嚼力强，语言发育就好，发音也清楚些。孩子早期的咀嚼发展与喂养方式有关。母乳喂养的婴儿吃奶时要把舌头卷起来，整个口腔都参与活动，使劲吸才能吸出乳汁，这样就锻炼了他的口腔功能，使他吞咽功能好，口腔肌肉发达。这样的孩子会吞咽唾液，多数不流口水，在学讲话时上下唇、牙、舌、下颌等部位都能很好地参与活动，语言发育也要好一些。4~6个月是婴儿促进咀嚼功能和味觉发育的关键时期，要及时添加泥状食物以锻炼和促进咀嚼、吞咽功能发育。咀嚼功能发育完善对语言能力（如构音、音词、短句）的发育有直接的影响，同时发展了嗅觉、味觉、触觉、温度、压力觉、大运动和精细动作。

对孩子而言，吃饭的过程其实是一次认识事物和学习语言的绝好机会。我们要注意培养孩子的咀嚼能力，让孩子多活动，使他饭前有空腹感，这样孩子吃起饭来就香，嚼得就有劲。2岁及2岁以上的孩子应该自己使用小勺子吃饭，可以吃软饭，各种蔬菜、水果和肉类等食物，不应该将食物研碎再吃，可以让孩子吃些较干较硬的同体食物，如烤面包干、馒头片、小米锅巴之类。孩子喝奶、喝水时都要使用杯子，要自己进食，捧杯子喝水，以锻炼咀嚼能力。这时候，保护牙齿不生龋齿，也是提高咀嚼能力的关键之一。

孩子在学习独立吃饭的过程中，除了吃饭本身，还会学到很多的其他东西，如用小手抓食物，能感受食物的质地，有助于触觉的发展；握住小勺往嘴里送食物，能练习手眼协调，体会动作与结果的直接关系。孩子吃饭时，父母要和孩子描述食物的颜色、味道，这样对提高语言能力同样有一定帮助。因为婴幼儿的语言发生发展过程是信息加工系统不断构建、不断改进的过程。中枢神经系统结构与功能的复杂性既受基因等内在因素的调控，又受学习训练、环境刺激等外界因素的影响。正是婴幼儿的不断感知和运动，才刺激了大脑相应区域的生长，从而促进神经心理发育。

怎样帮助家长做好婴幼儿各阶段喂养准备？

在儿童保健门诊，家长经常说不知怎样喂哺孩子，总是担心孩子吃不饱、怕食物呛到气管里，孩子都1岁了还是吃糊状食物。甚至有的家长阻止孩子自己进食，弄脏衣服。其实家长不必这样过分担心，事实上婴幼儿期每一个阶段都具有与喂养有关的行为能力和发育能力。这种预期性的喂养模式可以帮助家长为孩子在每个喂养阶段做好准备。现将婴幼儿期喂养模式介绍如下，以供家长喂养时的参考。

刚出生0~2个月的婴儿通过原始反射（觅食、吸吮和吞咽）来促进进食并很快成为一个整体进食行为；饥饿哭闹产生了喂养的互动，在进食中发出微小的声音，促进婴儿视觉发育和运动的发育。

2~4个月的婴儿在进食中有更多的警觉和互动；猛烈地咳嗽以保护自己避免吸入异物；开始知道等待食物；能够将母亲的体味、声音以及摇动跟食物联系起来；把手放在口中使自己安静下来，并提高对口腔运动的兴趣。

4~6个月的婴儿已准备好接受固体食物；头和躯干控制得很好；伸手去够食品；能够扒抓；手放在口中的动作更加熟练；伸舌反射消失；可以在探索食物中有目地吐出食物；对固体食物的适应受婴儿气质的影响。

6~8个月的婴儿坐着进食时能保持头部稳定，咀嚼得到发展；能够捧住奶瓶；在食物准备过程中发出急切的声音；在喂养中动作明显增多。

8~10个月的婴儿准备好了用手指拿食物；拇指、食指拿（既初级钳取）；抓匙，但不能有效地使用；能够自己吃饼干；喜欢新的食物的质地和味道；呈现独立性。

10~12个月的婴儿自己喂哺的意识增强；灵活地钳形抓取；当食物从高脚椅

上丢落到地板上时，会看它会往哪去；能够握住杯子，但常常洒水；在喂哺中出现更多的语言和行为。

12～15个月的孩子要求自己进食不要帮助；食欲和营养要求减少；更好地两手使用杯子；用勺子笨拙地获得食物，然后送进口中，但搞得很脏。

15～18个月的孩子能迅速吃饭，进食时间短暂，动个不停；能相当好地使用匙和杯；等待食物的能力更好；通过玩弄食物或扔食物来试探父母的反应。

18～24个月的孩子能同时用匙和手指自己进食；能说"全吃完了"；能对食物提出要求；对不喜欢的食物表现出抗拒；即使真的想吃时也说不，想控制进食的情景。

2～3岁的孩子喜欢帮助清洁桌子；自己懂得享受冰箱里的食物。

家长在喂养时应考虑到婴幼儿期与喂养有关的行为能力和发育能力，综合孩子的气质类型和本民族文化差异。

怎样看待婴儿过度喂养？

孩子是人工喂养，出生体重3千克、身长50厘米。42天后去社区医院体检，体重为6.2千克、身长56厘米。每日奶量为1000毫升左右，吃奶的间隔时间不稳定，只要孩子一哭就喂，总担心孩子吃不饱，每天喂奶10次左右。3个月时体重就增长到8千克。社区医院的医生告诉我，孩子体重增长得太快了，说我是过度喂养。也试过将奶量减下来，但孩子哭得很厉害，我该怎么办？

以上家长所描述的过度喂养情况，在儿童保健门诊常常遇见。传统的过度喂养观念是指"摄入母乳过多"而引起以消化不良为主的综合征。过去的医生总是告诉妈妈每次哺乳都用两侧乳房，一侧10分钟再换另一侧。由于乳汁中脂肪含量在哺乳过程中逐渐增高，而乳糖含量相对稳定。婴儿期，孩子摄入两侧相同能量的乳汁中脂肪含量较低，而乳糖含量相对高。当乳糖含量超出婴儿肠道乳糖酶处理能力时，就会产生乳糖不耐受，而引起以消化不良为主的临床表现。现代概念上的过度喂养主要是指给予婴儿的能量和相关营养素超过机体保持代谢稳定的需要，导致婴儿超重或肥胖。在一些发达国家中，配方奶喂养的婴儿和过早喂固体食物的婴儿体重增加很快。通常情况下，养育人的动机因素和喂养知识在引起过度喂养问题上起着重要作用。几乎所有的养育人都会影响婴儿的食物摄入：这种影响，至少在婴儿早期是使婴儿摄入食物增加而不是减少，因为他们普遍认为孩子吃得多有益健康。一般来说，婴儿具有调节能量摄入的能力，但是这种能力更多体现在母乳喂养上，而配方奶喂养的婴儿食物摄入数量和次数却在相当程度上取决于喂养人的判断，特别是配方奶中过量的溶质，会导致婴儿体内细胞外液高渗，细胞内液的容积缩小，随之出现慢性口渴，增加哺乳次数，最终导致过度喂养。

长期过度喂养使婴儿消化系统血液供应增加，相对大脑血供应不足，孩子易产生疲劳，运动和感知能力下降。过多的热量转变成脂肪在体内蓄积，使婴儿体重增长过快，甚至出现肥胖。而且不适宜的口腔刺激会影响孩子个性的形成及社会化的发展。

建议刚出生的婴儿按需哺乳，满月后根据体重所需要的热能来配制奶量，注意观察每周体重是否符合标准，不能只靠哭声来判断孩子是否需要喂奶。作为父母亲要学会仔细观察孩子的哭声所代表的不同情绪和需求。特别是气质为难养型的孩子，生活的节律性不稳定，情绪反应强烈，每天哭闹的次数较多，家长千万不要误认为孩子饿而用喂奶的方式来减少哭啼，养育人要严格按照配方应有的浓度正确配奶，避免过早添加固体食物和奶瓶喂奶时间过长，防止过度喂养。

常见的喂养问题有哪些？

（1）强迫进食，喂养交流技术差

孩子能独立吃饭了，看到孩子对桌上摆着的饭菜毫无兴趣，通常家长会用缓和的语气、和蔼的态度哄孩子吃："快吃""来，张嘴""真棒""吃得真好"……家长所谓的交流更多停留在"吃"字上，但这毕竟不是孩子自己的愿望。即使哄上桌来，孩子可能也不过是"应付差事"了事。其实，这种哄的方法与强灌差不多，都属于强迫进食。对于孩子而言，吃饭的过程其实是一次认识事物和学习语言的绝好机会。家长可以边喂孩子边跟孩子描述说"这是米粉，你看，米粉是白色的……这是南瓜，南瓜是黄色的，甜甜的，你尝尝"。简单的几句话，包含了颜色、味道等多种信息，对孩子认识不同食物，提高视觉和味觉感受。因此，要多说描述性、提示性的语言，多描述食物的特点和喂养的情景，努力营造一种愉悦的进食环境，如表扬时要微笑；要以夸奖和赞扬为主，把孩子的兴趣吸引到食物上来。

（2）边吃饭边玩不可取

孩子如果某次吃饭时表现不是很积极，家长很可能会把婴儿喜欢的玩具放在他面前。有时为了让不听话的孩子吃进饭，干脆打开电视机，趁着孩子专注地盯着节目时，赶紧把饭塞到孩子嘴里，还得意说"这种办法可以让孩子多吃些"。通过玩来提高孩子吃饭的兴趣，如果我们经常这样做，孩子吃饭更没了专心，会让婴儿觉得吃饭和玩儿是一件事情，它们二者必须连在一起。这样做会给孩子造成了一种错误的反射：玩玩具、看电视是吃饭的必备条件。久而久之，家长不哄，孩子可能就不吃了。为了避免这种不良行为的发展，家长在孩子形成进餐概念的过程中，要给他一些确切的、清晰的概念：吃饭就是吃饭，玩就是玩，不要把两件事情混在一起。没有干扰，有了等待的过程，孩子对于食物的专注度就会提高，而不仅仅是机械地吞咽。

（3）不让宝宝手抓饭，只因为怕弄得满桌脏

家长拒绝让孩子学吃，唯一的原因就是"脏"，认为孩子拿手抓饭不卫生，怕孩子弄得满桌子都是饭。其实，这是典型的顾小失大。让婴儿学吃有很多好处：增加了孩子对事物的兴趣，锻炼孩子手眼协调能力和手指小肌肉的发育功能，还能增加婴儿的自信心和成就感。若总是打回孩子伸出的探索之手，孩子失去了学习的兴趣，吃饭就只能变成一种被动被喂的行为了。孩子学习自己吃饭，无论是用勺子还是用手，都不要阻止，还要微笑着鼓励。因为这个时候，让孩子吃得开心，对食物有兴趣才是更主要的。家长只需饭前给孩子洗干净手，饭后多一点收拾餐桌的劳动而已。

（4）不允许孩子有饿的感觉

对于一些父母而言，孩子饥饿使他们非常紧张，甚至会认为孩子挨饿是他们的过失。事实上，我们应该记住，饥饿对所有人都是无法避免的。没人能完全地从孩子的生活中排除这种感觉。让孩子体验一会儿饥饿的感觉没有什么。对于小家伙来说，饥饿能够起到让孩子学习照料自己最基本技能的作用。另外，有些家长认为"少食多餐"有利于消化吸收的。实际上，这样做会导致孩子胃酸的分泌

不够充分，饥饿感不够强，从而就没有主动吃饭的欲望。长期下来，会影响孩子自我调节进食的能力。

婴幼儿期的饮食问题及影响因素有哪些？

喂养问题是指在进食中的行为问题，这些行为偏离了常规，导致个人和家庭忧虑，危及社交行为和发育过程，甚至对健康造成不良后果。

（1）常见的喂养问题（行为异常）

吃得太快、太慢、太少、太多；不能吸吮；不能咀嚼食物；将食物吐出来；将食物推开，拒绝张口，拒绝吞咽食物，对食物不感兴趣；拒绝吃某些食物，强烈偏爱某些质地、某些味道或某种类型的食物等。

（2）影响进食的原因

喂养技能：父母的喂养技能可影响喂养的行为，常见的不良喂养技能有哄骗、威胁、强迫进食的方法，有提供替换食品、用玩具分散注意力的方法，也有训斥孩子或用提供奖励、限制食物、看电视等方法。

膳食：孩子是否能得到足够的食物，膳食营养是否平衡，微量元素是否充足，膳食的发展过程是否合适。

胜任能力：孩子是否有口腔运动不良，神经肌肉运动功能是否适于独立进食，是否有合适的座位和食具。

食欲：孩子是否吃零食（整日吃东西、喝东西），是否有和吃有关的心理创伤事件，你为孩子补充食物是否影响其食欲。

疾病：孩子是否有和喂养困难相关的急性疾病史，目前疾病是和喂养问题有关，目前疾病的治疗是否影响喂养。

相互作用、处理：父母对孩子饥饿和饱腹感的信息是否敏感，喂养人是否过度控制或过分不控制孩子进食，是否有社会的言行强化了拒食，喂养环境是否有效支持喂养。

孩子气质：孩子是否是"难养型"气质，孩子是否受过影响进食的感官损伤，是否发育迟缓。

喂养人信心：父母是否有不合适的营养观念，父母是否足以理解行为和营养的建议，父母是否曾干扰有效的喂养或准备膳食。

家庭系统因素：家庭是否能提供足够的膳食，目前家庭的紧张因素（如父母离异、同胞出生等）是否和喂养问题有关，喂养人是否有一致的喂养技术。

饮食行为问题的家庭干预方法有哪些？

家庭干预的方法分为五大部分：饮食干预、进餐时间安排、就餐环境特点、互相作用和其他干预。

（1）饮食干预

首先，要制订适宜的菜谱，根据孩子的年龄、成熟阶段、机体的能力和膳食需求为他提供不同的食物种类和量。考虑食物的多样性、美味性和食物体积的大小。家长在提供膳食时要符合平衡膳食的原则，食物种类要多，每种食物的量要小，以供孩子选择。其次，要重复提供给孩子新的和不同质地的食物，婴幼儿期对新食物有恐惧感，偏爱熟悉的食物，这被认为是适应性和自我保护的反应。家长不能以为这是孩子永远不喜欢该食物，应反复将孩子"不喜欢"的食物让孩子尝试，一般要10~15次才能成功。同时要重复不同质地的食物，如蔬菜、鱼泥、肉泥等。最后，家长要接受营养教育，了解孩子的营养需要、食物组成和烹调方法等。家长也应接受行为训练，得到对付孩子的技巧，建立良好的亲子关系。

（2）进餐的时间安排

孩子年龄不同，进餐的次数也不同。4个月前每天喝6~7次奶；6~7个月每天喝6次奶加1次辅食；8~9个月每天喝4~5次奶加2次辅食；10~12个月每天喝4次奶加3次辅食。1岁后每天喝2~3次奶（400~500毫升），同大人一起吃3次正餐。但每个孩子进餐次数不同，一般餐间隔3~4小时。此外，每次进餐的时间在20~30分钟，进食时间过短提示摄入不足或进餐时没有受到足够的鼓励或进食过于匆忙。进食的时间过长属于喂养问题的指标之一，也有少数小儿有口腔运动障碍和精细动作障碍的原因，可延长到45分钟。在满30分钟后家长取走剩余的食物，至少在1小时内不提供给孩子其他的食物和奶类，这样才能建立清楚的用餐和不用餐的区别以及饥饱分明的进食规律。

（3）就餐的环境特点

进餐环境包括进餐地点四周的布置，孩子的座位及其身体支持状况，饭前、饭后孩子的活动特点。环境特点对饮食行为是个刺激控制因子，易形成进食的条件反射。

四周环境的布置：不同孩子对进餐环境要求不同，对拒绝吃各种食物或容易受外界影响的孩子，应选择僻静、没有视觉和听觉干扰的固定地点，同时限制其他人员进出进食房间。对其他的喂养问题来说环境中可有一些吸引力的布置使进食更愉快。对低体重的孩子则尽力采用固定喂食的人，特别在干预的初期。对偏胖的孩子只能在固定场所进食（餐厅或厨房），不能在其他活动中进食。

孩子的座位和身体支持情况：用餐时安全、平衡的坐姿可以确保孩子吃饭动作的协调和注意力集中。小婴儿靠在喂养人的臂弯中或坐在成人大腿上，大一些的孩子坐在高椅上，使孩子能腾出双手自由取食，并且要防止窒息。家长要让孩子坐着吃饭，对有躯体功能障碍的孩子，需给予头、颈和躯体更多的支持。

饭前、饭后的运动：饭前小儿活动性质可影响其进餐的行为，特别是这些活动和进餐行为形成明显反差时。同样，饭后马上让孩子做他喜爱的活动，则导致小儿吃饭匆忙或不吃完定量就去玩。

（4）互动作用

对小婴儿用餐来说，喂养人和孩子间的社会互动是最基本的反应，它包括两个方面。

交互作用：一个敏感的喂养人当孩子感到饥饿时能立即注意到，并做出积极应答，如抱起安抚、给予哺乳等，使孩子得到满足。喂养人的亲切语言，肌肤接触使孩子感到安全、舒适和快乐。在最初期3个月，最好的互动作用是让婴儿决定吃的时间、吃的速度和能消化的量。

互动训练：家长要通过合适的互动反应来配合孩子的行为。要了解孩子哪些特定的行为是有目的的，哪些是自发的。在互动作用中要注意技巧，以此来修正不适宜的饮食行为。如一个孩子不吃新食物家长立即撤回，并换以他熟悉的食物，就会强化孩子拒绝新食物的行为。父母亲对孩子饮食行为不妥当的处理常在一些饮食行为中造成不良后果。

宽松对待言语和语言障碍

孩子咿呀学语了。在迎来孩子第一声稚嫩的"爸爸"或"妈妈"时，爸爸妈妈在兴奋中不免有了一些担心：我的宝贝言语发育正常吗？如果孩子有语言障碍怎么办？

幼儿口吃正常吗？

口吃是儿童期常见的一种语言障碍，主要表现为言语节律异常，说话不流畅，每句话在说第一个字后即停顿，或重复第一个字，或拖长第一个字的音。

2~4岁的儿童出现口吃现象是暂时的，是绝大多数孩子都要经历的成长历程。该年龄阶段的孩子言语功能发育不成熟，言语表达跟不上思维的速度，词汇量有限，且处于词汇快速增长时期，孩子在日常的交谈过程中不能迅速、熟练地选择适当词汇，不同词语之间组合时的发音连接不熟悉等，使得孩子经常表现说话重复或拖长现象。

幼儿的口吃一般是在词汇选择上出问题，所以表现为词汇或字水平上的重复、停顿，不伴有发音肌肉的紧张，说话与呼吸是协调的。随着年龄的增长，这种现象会渐渐消失。家长在了解孩子的这一发展特点后，可以放松心情，不要特别予以纠正或指责，帮孩子缓解压力。避免正常儿童发育过程中出现的言语不流畅发展为慢性口吃。

当儿童出现生理性口吃时，做到"三不"，即不指责、不催促、不过分关注，让孩子放松，放慢速度说话；帮助孩子养成良好的说话习惯，告诉孩子不模仿口吃者说话。如果孩子5岁后还是有口吃的现象，或者孩子口吃是第一个字、第一个音的重复，说话与呼吸不协调，伴有发音肌痉挛，那么需要咨询相关专业医生来分析原因、寻找解决方法了。

学龄期的口吃患儿进行的语言训练，包括肌肉放松、协调呼吸和说话、控制言语速度、延长声母的发音等。对于伴有明显情绪问题的患儿，可以服用一些药物改善情绪并辅以心理支持治疗。

幼儿发音障碍有什么特征？

发音能力明显落后于同龄儿童，而语言表达、理解能力、智力发育均正常者，在排除了发音器官、听力障碍及神经系统疾病情况下，即符合发育性发音障碍的诊断标准。此种情况发生率男孩高于女孩。

发音障碍主要表现有以下几种形式。

省略音化：省略语音的某些部分，如"飞机"省略辅音后变"飞一"，或把韵母省略或简单化，如把"蚊子"说成"无子"，把"电"说成"蛋"等。

舌根音化：以舌根音（g，k，h）代替舌前音，如"耳朵"说成"耳郭""草莓"说成"考莓"等。

不送气音化：把不送气音替代送气音（p，t，k等），如把"婆婆"说成"伯伯"；"泡泡"说成"抱抱"等。

舌前音化：以舌前音（d，t）代替舌根音。如"乌龟"说成"乌堆"，把"裤子"说成"兔子"等。

发音不清晰是所有儿童成长经历的过程。发音就像双手锻炼一样，都需要不断实践与重复，才能使得呼吸、肺、气管、声带、喉、咽、唇、舌、齿、软腭、鼻腔舌头、上颌、嘴唇和大脑等协调工作发出不同组合的声音。但是，当孩子4岁后仍有很多音发不准，甚至影响到与同伴进行交流时，家长需带孩子到专科医院进行检查、评估，必要时进行发音训练。

通过以下几个方面可以帮助幼儿完善孩子的发音功能。

改变孩子只吃流质或半流质的饮食习惯，丰富食物的性状，让孩子增进口腔感觉，促进口腔肌肉、舌头、口唇及上下颌的发展。稀的、稠的、软的、脆的、黏的等不同质地的食物，多让孩子体验、尝试。

增强口腔黏膜本体感觉，即每天按压或轻柔快速弹击儿童的面颊、下颌、唇部；用软硬适中的牙刷或硅胶棒刺激舌、牙龈、颊黏膜和硬腭。

改善口腔协调运动，吹泡泡、吹哨子、吹气球、吹颜料作画等。利用舔勺子、舔盘子、舔舐自己嘴唇等促进舌头运动。舌头弹响、嘴唇咂响、漱口等口腔轮回运动等。

　　家长需要注意的是，孩子在3岁以前不要进行发音纠正训练。因为3岁以前是语言快速发展的时期，正是通过反复的说话来练习发音和语言表达，如果训练方法不当导致孩子抵制说话，不但起不到治疗效果，相反还会影响语言的发展。

　　孩子发音不清可能与孩子在婴幼儿的口腔感觉与运动发展的敏感期锻炼少有关，一些家长没有给孩子及时添加辅食或给孩子的食物过分细软，导致咀嚼和舌头运动不够。因此，为了预防孩子的发音障碍，促进语言功能提高，从小注意科学喂养非常重要。

正确疏导幼儿常见"小毛病"

孩子成长过程中,不免出现"不正常"行为。这时候,作为新手爸爸妈妈一定很着急。其实不必担心,这些所谓的"不正常"行为都是孩子成长中的必经阶段,只要敞开胸怀,正确疏导,全心迎接宝贝的健康成长就足够了。

孩子胆小退缩怎么办？

有胆小退缩行为的孩子，一般在公共场合或者陌生场合表现得很胆小、羞怯，显得孤独、畏缩，甚至不愿意去幼儿园，不愿意和其他小朋友交往，也不愿意参加集体活动。这样的孩子，常常为上幼儿园哭闹，搞得家长很苦恼。

孩子胆小退缩的原因有多方面，有的孩子与先天的气质类型有关，这些孩子天生胆小，适应环境慢，不主动交往。有些孩子与养育方式有关，过分的保护、溺爱剥夺了孩子锻炼的机会。有些孩子与家庭环境有关，如果家庭不和谐、冲突过多，让孩子缺乏安全感。面对胆小退缩的孩子，家长该怎么办呢？

家长培养孩子独立自主的能力，相信孩子的能力，让孩子自己的事情自己做，学会管理自己。培养孩子不怕失败、百折不挠、勇敢顽强的精神。

家长给孩子更多的爱与情感满足，尤其是当孩子感到别人都不理解他时，如果父母这时候能够体贴关心他，站在他的立场倾听他的心声，温和、亲密地给予孩子帮助。但过分的溺爱会使孩子过分依赖而胆小。

提高孩子的能力，教给他与人交往的方式方法，鼓励孩子参加各种社会活动。多方创造条件，让孩子与伙伴共同游戏，让孩子在游戏中学习交往方式，体验成功的喜悦，锻炼孩子的能力，培养孩子的自信心和活泼开朗的性格。

让孩子多与大自然接触，带孩子去旅游参观，登山攀高，或到江湖里去划船、游泳，培养孩子的勇敢精神。同时，还可以让孩子多到"儿童乐园"去玩，使他的心理得到锻炼，增大胆量。

创造和谐的家庭环境，给孩子树立良好的榜样，对孩子积极关注，当孩子有进步时及时鼓励、适当奖赏。

孩子过分依赖怎么办？

孩子过分依赖的性格和家庭环境及家庭教育有密切的关系。家长教育孩子时过于专制，没有耐心，长期替孩子办事，做决定，会打击孩子的主动性，使孩子失去独立行动思考、增长知识经验的机会。

（1）家长要改变家庭教育观

孩子的依赖心理多是由家长养成的，家长娇惯替孩子包办所有的事，孩子就容易过分依赖家长。必须培养孩子的独立性，不要事事都为孩子做。有的孩子不是不想独立，而是家长不给他独立自主的机会，万事都为他安排得妥妥当当，这样家长便在溺爱中削减了孩子的独立性，增强了他的依赖心理。

（2）要帮助孩子树立自信心

这是培养孩子的独立性关键，依赖性较强的孩子多缺乏足够的自信，家长要教孩子正确地评价自己，并在孩子取得成绩的时候及时给予表扬和鼓励，以培养孩子的自信心。

（3）要信任孩子，比如尽早让孩子有机会独立完成吃饭、穿衣、学做家务等

但在孩子独立地办一些事情的时候，家长要给予指导和帮助，为孩子成功地做好某些事情创造条件。因为儿童的心灵是比较敏感和脆弱的，如果总是遭遇到挫折就很容易丧失自信心。家长务必保护孩子可贵的自信心。当孩子自信满满、独立性不断增强时，过分依赖的情况自然不存在了。

孩子任性怎么办？

通常孩子任性与不恰当的家庭教育有关。对孩子过于溺爱、百依百顺，孩子就会过分以自我为中心，表现得任性。所以要纠正孩子任性，关键要改变家庭养

育环境。

首先，不能一味满足孩子的要求：孩子合理的要求可以满足；无理要求则不能答应。同时家庭成员之间的教育态度要一致，否则会让孩子"钻空子"或无所适从，这会形成或加重孩子的任性。

其次，孩子一旦任性哭闹，家长先冷处理，即不要去理睬他，不要在孩子面前表露出心疼、怜悯或迁就，更不能和他讨价还价。当无人理睬时，孩子自己会感到无趣而做出让步。待孩子情绪稳定下来就耐心给孩子讲道理，最好是用既生动又富有教育意义的小故事予以开导。

当然，采取转移注意力这种方法也不错。父母可以利用孩子注意力易分散、易被新鲜的东西吸引的心理特点，把孩子注意力从他坚持的事情上转移到其他新奇、有趣的物品或事情上。

总之，好的环境与好的教育能使孩子健康成长。

孩子不合群怎么办？

首先，家长要以身作则，为孩子创造一个良好的家庭环境。全家人和睦相处，彼此互相关心，共同生活，这样的家庭对子女有一种凝聚力，孩子在这种气氛中成长，人格会健全发展。家长要引导孩子与亲人平等相处，切忌以孩子为中心，处处围着孩子转，让孩子凌驾于其他之上。同时，家长也要尊重孩子，切忌随意训斥和打骂孩子，要让孩子在互敬互爱的家庭气氛中形成合群性格。

家长平时要多给孩子提供一些动手的机会，让孩子做些力所能及的事情，这样既能锻炼孩子，也有利于孩子树立自信心。这样孩子在面对陌生环境的时候，适应能力与应变能力才会变得更强。

家长要多带孩子出去玩，增加孩子接触小朋友的机会。开始时孩子可能不懂得如何去和小朋友玩，这时家长不妨参与一下，带孩子和小朋友玩一些互动的小游戏，帮孩子找到和小朋友做游戏的快乐。慢慢地，孩子就能够学会如何与小朋友沟通了。孩子在一起游戏过程中，可以互相模仿、互相促进、互相启发，对孩子的智力发育大有益处。在交往中，孩子与小朋友交流感情，增加乐趣，为他以后与人正常交往打下良好的基础。

父母闲暇常带孩子到有小孩子的朋友家中去串门,目的就是帮助孩子尽快熟悉陌生环境,并有意识地给孩子设置一个与生人谈话的机会。

每个孩子有自己的性格和脾气。作为父母,不要用一个标尺去衡量孩子。在尊重孩子天性的同时,用自己的爱和耐心,给孩子适当的引导,对不合群的孩子不可操之过急。

孩子爱哭怎么办?

作为家长,要学会观察并理解孩子要通过哭提供什么信息,并且学习用相应的办法来对待孩子不同的哭,了解哪种方式应对哪种哭起作用。

如果孩子爱哭属于个性敏感的一种表现,父母首先要放轻松,不抑制也不强化孩子的哭,帮助孩子放松并找到更好的表达方式。其实最好的处理方式就是忽视哭闹行为,让孩子了解快乐和积极的方式,同样可以得到父母的关注。教给孩子,不是以哭而是应该以说的方式把问题表达出来。

对于缺乏自信或性格懦弱的孩子,必须多给他鼓励,让他尝试自己处理一些问题,不能凡事都要求得到别人的帮忙。虽然做不好,也鼓励孩子再次尝试。失败了,教孩子先不要哭,静下来想一想应该怎么做比较好。懦弱的孩子,大半是因为父母溺爱造成的,所以必须多给孩子自己去面对难题的机会,不要凡事都替孩子做。要让孩子多与其他孩子接触,学习如何与人相处,这样孩子才不会凡事都感到害怕,逐渐把胆量壮大起来。

对以哭作为武器达到目的的孩子来说,冷处理是最好的方式。当孩子一不如意就哭起来的时候,决不能因为要制止孩子哭闹而照他的意思去做。坚定自己的立场,任何情况下都不要向孩子的哭闹让步,让他知道哭泣并不能为他带来他想要的东西。偶有不如意却没有哭的话,就及时夸奖他有进步了,给他一些口头称赞、一个拥抱或一个亲吻。如果父母能坚持以上的方法,不向孩子的哭闹让步,孩子就会改掉以哭泣来要挟的做法。当然在这个过程中家庭成员之间的态度要一致。

孩子缺乏耐心怎么办？

父母有耐心，孩子才有耐心。如果父母自己都没有耐心，那他们教育孩子要有耐心，显然是苍白无力的。这时候，父母不如改变一下方法，克服一下自己的浮躁情绪，与孩子共同学会克制，学会坚持。

当孩子耐心地完成一件事情时，无论做得是不是完美，都应给予鼓励。你可以指出改进的地方，但不能指责孩子，毕竟对孩子而言这也是一种成功的体验。父母每一次耐心的亲子活动，积少成多，最终必将换来孩子有效地完成任务，还有信心和耐心。

对于缺乏耐心的孩子，父母要有耐心，不要为孩子包办事情，否则会使孩子失去求知欲，更失去耐心。给孩子机会让孩子尝试探索解决问题的方法，培养孩子独立解决问题的能力，从而锻炼孩子的耐心。

以游戏的方式培养孩子的耐心。陪孩子玩一些益智游戏，如搭积木、拼图、绘画、剪纸等，可先从孩子感兴趣的事情入手，锻炼孩子的耐心。给孩子找玩伴，多玩一些团体游戏可以使孩子养成遵守规则的习惯，在游戏等待的过程中，锻炼了孩子的耐心和团结协作精神。

孩子爱发脾气怎么办？

有的孩子稍不如意便大哭大闹，这时候家长绝不要让步，最简单的办法是在保证安全的前提下冷处理。即使在外面也一样。如此反复几次，孩子就会知道自己发脾气、哭闹都毫无意义，得不到自己想要的东西，慢慢地，就不再乱发脾气了。每次孩子发脾气平息后，家长要及时进行教育，要告诉孩子刚才的行为是不好的，是达不到目的的，要让孩子知道父母还是爱自己的，只是不爱自己的撒泼行为。这样既可以教育孩子今后不再乱闹，也可以避免孩子疏远父母。

有的孩子由于受忽视而乱发脾气。对这样的孩子，要安抚并转移注意力。可以有意识地让孩子做平时最感兴趣的，如给孩子讲个爱听的、好玩的故事，或者带孩子去玩最喜爱的荡秋千游戏。要有耐心，千万不要训斥指责，更不能动怒打骂。否则，孩子爱发脾气的毛病只会愈演愈烈。

孩子发脾气时可以先冷处理或转移注意力，等他略微平静下来，一定耐心地和孩子交流，听听孩子的想法，了解孩子发脾气的原因，帮助孩子控制自己的情绪，让孩子学会用适当的方法解决问题。鼓励孩子用语言表达自己的感受和需求，对孩子正当的需求应尽量满足，不能满足时应耐心解释，帮助孩子提高自控能力。

同时父母及家人对待孩子的态度要一致，当孩子没有道理地发脾气时，不能因孩子的哭闹而妥协。父母应注意和孩子的情感交流，不能因大人的情绪变化，时而严厉，时而娇惯，使孩子因无所适从而爱发脾气。

如何对待孩子的攻击行为？

对于孩子出现的攻击行为，家长不能简单进行训斥、批评，因为体罚本身就具有较强的攻击性，有可能导致孩子模仿。家长首先应分析孩子攻击行为产生的原因，以便有针对性处理。

如果孩子想以攻击性行为来引起他人注意的话，可以实行短时间的"冷处理"：让他独自待在单独的房间里，或暂时剥夺其参加某项活动的权利等。运用这种方法时，一定要让孩子明白为什么要让其"坐冷板凳"。在孩子认识错误后就要解除惩罚，同时要注意安全，时间不宜过长。

有些孩子之所以在解决冲突或人际交往中出现攻击性行为，主要是因为这些孩子缺乏解决冲突或进行沟通的技巧。对于这一类孩子，父母要给予榜样示范或直接教给他正确方法。这就要求家长一方面要加强自身修养，尽量避免在孩子面前争吵、打架或恶意攻击；另一方面要及时对孩子的行为进行纠正，要教会孩子用正确的方法来解决问题。

日常生活中，父母要给孩子提供较为宽松的游戏环境，而不是提供繁杂、拥挤的活动空间；不要为孩子提供有攻击倾向的玩具（如玩具枪、刀等），这样可以减少冲突的产生，从而减少攻击性行为的产生。阻止孩子接触不良传媒，某些影视，特别是暴力影视剧，可能会导致孩子模仿其中的攻击性行为。

教育孩子学会谦让、分享、合作等良好品质。可通过角色游戏、讲故事、情境表演等形式给孩子呈现有利他行为或有攻击性行为的儿童形象，与孩子讨论并体验，使孩子意识到什么样的孩子是受人欢迎的。加强与孩子心灵上的沟通，耐心地倾听孩子说话，让孩子感觉到受尊重，对孩子进行耐心的引导教育，从而减少攻击性行为的发生。

如何对待幼儿的逆反心理？

在二三岁，几乎所有的孩子都会出现持续半年至一年的"反抗期"，这个反抗期是儿童心理发展的一个必经阶段，心理学上称为"第一反抗期"。这一时期，孩子突出表现为心理发展出现独立的萌芽，自我意识开始发展，好奇心强，有了自主的愿望，喜欢自己的事情自己做，不希望别人来干涉自己的行动。感兴趣的事一旦遭到父母的反对和制止，就容易产生说反话、顶嘴的现象。

作为家长要明白逆反是幼儿心理发展过程中必然要出现的心理现象，是孩子独立自主的需求。但父母往往会认为孩子年龄小，做事速度慢，所以经常帮孩子包办所有事情，给孩子制造许多限制。孩子希望自己的行为得到认同，希望自己的独立活动不受到限制和干涉，为了不失去表现的机会，就只有寻求反抗了。如果家长能够尊重孩子的想法和观点，多给孩子提供倾诉和表达自己的想法以及证明自己能力的机会，在保证安全与合理的前提下，尽量为孩子提供自己动手的机会，如买衣服或是吃东西时征求孩子的意见，给他提供自己选择的机会，孩子就不需要依靠强烈的逆反来证明自己有多能干。这样有助于孩子养成良好的行为习惯和形成健康的情绪情感表达方式，从而顺利度过人生的"第一个逆反期"。

如果孩子的逆反心理非常严重，父母可以采用一些小策略。通过关注别的活动来转移孩子的注意力；在情感上表示理解孩子的做法，但是行为上坚决制止孩子不合理的做法；采用回避或是忽略的做法，对孩子的纠缠和逆反行为置之不理，使孩子自己感到自己行为毫无意义，从而消退孩子的逆反行为，等等。家长要有耐心，简单粗暴的高压政策会给孩子造成压抑，不利于孩子心理的健康发展。

孩子分离焦虑怎么办？

"分离焦虑"主要是指孩子和养育者之间分离时所表现出的一种不安情绪和行为，每个孩子都会有，只是轻重程度不同。对于分离焦虑，如果引导不好或过分严重的话，会对孩子的身体和心理产生较大的影响。

（1）家长要采取恰当的养育方式避免孩子严重的分离焦虑

生活上的过分娇惯会影响孩子自理能力的发展；活动上的过多限制会影响孩子人际交往能力的发展；"填鸭式"的教育会影响孩子主动探索和积极创造能力的发展。这些能力上的欠缺直接影响孩子自信心的发展，使他们在面对一个新环境时，比别的孩子产生更大的心理恐惧和分离焦虑。

（2）良好的家庭氛围与亲子关系可避免或减轻分离焦虑

如果父母给孩子足够的爱与关怀，家庭和睦，让孩子有安全感，孩子对外在世界深具信心，比较乐观，这样孩子就有足够的能力去面对分离。如果父母平日对孩子疏于照顾，他的情感没有获得满足，家庭"战事"不断，孩子就会有不安全感，当孩子面对分离，就会感到害怕、悲观，对环境的变动也比较不能适应。

（3）当必须面对分离时，要让孩子有一个心理准备期

如果要更换养育人，让父母和接替者之间有角色的传递，让接替者了解你照顾孩子的方式和态度，让孩子有时间熟悉新的抚养者。如果接替者能充分配合，则能减少孩子面对分离时所带来的焦虑和不适应行为。当孩子要入幼儿园时，提前告诉孩子，让孩子熟悉幼儿园，对幼儿园生活有所期待，有利于减轻分离焦虑。对于出现分离焦虑的孩子，家长要有足够的耐心，不要责备，更不要打骂，给孩子足够的时间，鼓励孩子慢慢适应新环境。

正确疏导幼儿常见"小毛病"

如何对待宝宝咬指甲的行为？

咬指甲多发生在学龄前及幼儿期，3岁儿童发生率17%，5岁儿童发生率可达25%。造成咬指甲的常见原因为精神因素，比如家庭不和、母爱剥夺、经常被批评、压力过大、环境适应不良等，是孩子对心理应激的一种应付方式。在遭遇应激时，孩子以咬指甲缓解心理应激造成的焦虑紧张情绪。另外，不良生活习惯，如没有定期给孩子剪指甲，也可造成咬指甲。

针对宝宝这个问题，家长要从多方面入手解决。

家长平时不要给孩子施加太大的压力，教育孩子以鼓励引导为主，忌简单粗暴。平时多给孩子心理上的关注，消除孩子紧张。

家长引导孩子多参加一些娱乐活动，多交朋友，如让孩子和其他小朋友一块做游戏，转移其注意力。同时合理安排孩子的日常生活，使生活丰富多彩，让孩子有事可做，以减少孩子在无聊孤单时啃指甲的机会。

家长要有耐心和信心，千万不可体罚孩子，不可大声训斥孩子，不要粗暴地强行将孩子的手指从嘴里拉出，这样可能会在潜意识中加重孩子咬指甲的习惯。如果家长发现孩子咬指甲，采取转移注意力的方式暂时中止咬指甲的行为。

家长要从小培养孩子良好的卫生习惯，如大一点的孩子咬指甲，可通过讲道理告诉他们咬指甲的危害，但要避免反复讲道理。

孩子遗尿怎么办？

一般说来，孩子在1岁或1岁半时就能在夜间控制排尿了，尿床现象这时候会大大减少。但有些孩子到了2岁，甚至2岁半后，还只能在白天控制排尿，晚上仍常常尿床，这依然正常。大多数孩子3岁半或4岁后夜间不再尿床。但是如果孩子5岁以上还在尿床，并且次数达到一个月2次以上，就不正常了。

对于遗尿症的治疗首选非药物治疗，包括心理疏导和习惯培养。父母切不可因孩子频频遗尿而大声呵斥或露出不耐烦情绪，这样只会加重孩子的心理负担，甚至还会让孩子产生了自卑心理。家长应对孩子多进行心理减压、多鼓励，为孩子创造一个宽松的环境。孩子遗尿时，父母只是帮孩子收拾好床铺就可以了，绝大多数孩子遗尿症是功能性的、暂时的，如各项检查正常，家长大可不必忧心忡忡。

培养孩子良好的习惯可从晚上限制孩子饮水量入手，夜间睡前少饮水，甚至不饮水，控制入睡前液体入量，以减少睡眠期间的尿量。根据孩子遗尿时间的特点，定时唤醒，让他在清醒状态下小便，使之逐渐形成条件反射，减少或避免遗尿，达到逐步自行排尿。训练孩子白天憋尿也可作为一种方法，每当出现尿意时主动控制暂不排尿，开始可推迟几分钟，逐渐延长时间。

药物治疗可在医生指导下选用缓解尿频、增加膀胱容量的药物，但停药后易复发。一般来说，遗尿症的自愈率很高。治疗上以非药物治疗为主，最后才考虑药物协助治疗。

幼儿有交叉擦腿动作怎么办？

交叉擦腿动作最常见于1~3岁的孩子，也有1岁以内的孩子发生的。孩子双腿内收夹紧，擦腿，两手握拳，双眼凝视，面颊潮红，额头出汗，憋气，多出现于睡前、醒后，每次持续时间约一分钟到几分钟不等。如果强行中断，孩子会表示不高兴，甚至哭闹。

对于偶然发作者，家长要冷静对待，不要紧张，应采取忽视的态度，分散其注意力即可纠正。积极寻找和去除局部刺激因素，如会阴部湿疹、蛲虫、尿布潮湿或裤子太紧。建议家长给儿童穿宽松的内裤，勿穿紧身内裤。晚上尽量待儿童感到疲倦后再上床，早上醒来后即唤之起床，减短儿童醒后独自待在床上的时间，养成上床即睡，睡醒即起的良好的睡眠习惯。白天可引导孩子多进行一些有益身心的运动或游戏。

当发现婴幼儿双腿交叉可将其双腿轻轻分开,并用玩具或其他方式转移其注意力。切勿大声训斥,以免婴幼儿错误理解此种行为可以吸引父母的关注,而使这种行为得到不恰当的强化。对于较大孩子频繁用手摩擦外生殖器的行为,让孩子了解此种行为的害处,但切勿恐吓儿童,以免增加其情绪的焦虑和产生恐惧心理。积极强化孩子的良好行为,增加孩子自我控制的能力。

第二篇

帮孩子塑造健康的心理人格

性别教育应抓住关键时机

性别在儿童发展中具有十分重要的意义。一出生,父母得到的第一个信息就是有关孩子的性别——"男孩""女孩",这在相当程度上决定了父母对待孩子的方式。孩子要成为合格的社会成员,就必须知道自己的性别和社会对不同性别的期望。

孩子的性别角色观念是如何发展起来的？

在幼儿园里，我们会发现一个很有趣的现象，大部分的女孩子喜欢玩具娃娃或家务道具，煞有介事地像个小大人一样哄着布娃娃吃饭睡觉。男孩子呢？总是三五成群互相追逐打闹，或是推着小汽车跑来跑去，嘴里还欢叫着。是什么原因导致了男孩女孩有不同的游戏倾向呢？他们又是从什么时候开始有不同的性别意识及选择的呢？

性别，是孩子最早掌握对他人进行分类的社会范畴之一。儿童对自我性别的认识包括两部分的内容：一是对自己生理性别的认同，即对"我是男孩还是女孩"的认识；二是社会性别认同，即性别角色认同，即认同和理解作为男孩我应该是什么样子的，而女孩又该是什么样的。

孩子在什么时候开始意识到自己是男孩还是女孩的呢？

出生以后的婴儿，虽然还不能对自己的性别有所意识，但已经开始对爸爸妈妈的声音有不同的反应。也许他并不能听懂父母讲话的内容，然而这种信息却好像以另外一种独特的方式被记录下来，潜移默化地影响着接下来的发展。

2.5～3岁期间。孩子对"我是谁"开始有初步的概念。他们用"我"或"我的"来表示"自己"或"属于自己的"。这个阶段的孩子，从在幼儿园上厕所时男生女生必须分开，以及女生可以穿裙子梳辫子而男生要穿裤子剪短发开始意识到男女有别。孩子很好奇地想知道自己究竟是男生还是女生，究竟是和妈妈一样，还是和爸爸一样。这个时期，如果你问他："你是男孩还是女孩？这个小朋友是男孩还是女孩？"往往能得到满意的回答。不过，这时他们还不能真正明白男女的区别。

4岁孩子的"性别意识"开始增强。他们对性别差异也比3岁时更好奇。当他们发现男女上厕所的方式不同时，通常会好奇地问："为什么男生要站着尿尿，而女生要蹲着尿尿？"同样，他们对自己的生殖器官也产生了好奇，想看看自己的和别人的有什么不一样。与此同时，这个阶段的孩子逐渐认识到性别不会随年龄的增长而变化。如果问一个4岁的女孩这样的问题："当你长大以后是当妈妈还是当爸爸？"她会说："妈妈"。但是当问她为什么的时候，她的回答也许是："因为妈妈和我一样都留长头发。"

5~6岁是儿童性别恒常性发展的关键期。许多3~5岁孩子还认为只要换了发型和衣服就可以成为另一性别的人，而6岁以后，如果你问，男生和女生有什么不一样，也许他们就会有些不好意思地告诉你：男生有小鸡鸡，女生没有。

因此，六七岁的孩子才彻底认识到性别是不可改变的。如果你问他：如果这个小男孩梳辫子，那他是女孩还是男孩？他可以信心满满地告诉你依然是男孩。这个时期也正是行为发生强烈两性分化的时期。男孩和女孩主动选择不同的游戏，不同的游戏伙伴，表现出不同的兴趣、不同的行为方式，等等。这种自发的隔离现象，更加强了性别意识。他们知道性别永远不再改变，不会因外貌、发型、衣着、行为等因素的变化而发生变化。同时，他们接纳自己的性别，按性别的角色期望来表现自己。

认识到自己性别的孩子接下来会有什么样的行为表现呢？

儿童在完全认同自己生理性别之前就出现了行为上的性别倾向，他们不断地学习关于性别角色的知识，即孩子对于男女各自适宜的行为方式和活动的认识。孩子在3岁的时候或者更早就有了相当多的关于社会对男性女性期望的知识，已经在玩具选择及活动特点上明显表现出性别倾向。如喜欢与同性别的小朋友玩，女孩应该玩娃娃，要穿花裙子；而男孩该去玩汽车、搭积木和打斗的活动，喜欢扮演消防员。到4~5岁，孩子知道有关成人职业的大部分条条框框，他们认为女人应该成为教师或护士，男人应该去做飞行员或警察。到了5~6岁，孩子更加领会性别的永恒性，按照性别的要求去做男孩应做的事情或女孩应做的事情，比如认为男性应该勇敢、高大、说话响亮、富有进取心、独立、自信、有能力，而女性应该乖巧、顺从、文静、善良、富有情感。随着年龄的继续增长，孩子对性别角色的理解也趋于深刻化，例如7岁的儿童可能会说工程师是男性的职业，不适合女性。而11~13岁的孩子则可能认为，只要这个女性愿意，她可以选择男性化的职业。到了青春期以后，儿童接触了更多的同性或者异性的伙伴，也有了更多男性或女性的模仿榜样，他们的性别角色发展更趋向完善。在这之后，男孩女孩在家庭、学校、社会共同地推动下，慢慢向更成熟的方向发展。

男孩和女孩是不一样吗？

多数人认为男性意志坚强、有勇有谋、独立意识强、有抱负。而认为女性善操家务、温柔、细腻、爱唠叨。男性和女性真的是不一样的吗？

毫无疑问，这个问题的答案是肯定的。

从妈妈的卵子和爸爸的精子结合形成受精卵的那一刻起，就决定了不同生命从此以后将向着完全不同的两个方向发展：男性、女性。染色体的差异根本上决定了生命的性状，一个小小的生命就这样在妈妈温暖的子宫里开始了他漫长的生命旅程。男孩时而踢一脚和妈妈互动一下，时而打一拳试探试探周围的环境，高兴的时候再来个前滚翻；女孩更多的是安静地蜷缩在那里，细细聆听来自爸爸妈妈的声音，不知是不是听到了妈妈唱的歌谣，偶尔还跟着节奏手舞足蹈。出生前男孩和女孩就让妈妈体会到了不一样的感觉，男孩往往比女孩有更多的胎动。

经过十月怀胎，孩子终于呱呱落地了，躺在妈妈的怀抱里，像个褶皱的小老头一样还睁不开眼睛。但这个时候，妈妈如果把乳头递给他，仿佛条件反射似的，他就会噘起小嘴含住乳头，开始略显笨拙吮吸。婴儿期的小男孩和小女孩食量上就表现出很大的差异，小男孩像是总也吃不饱似的，不断地向妈妈索取。小女孩则表现得更为安静，吃饱了以后总是嘟着小嘴满足地睡着。不仅食量如此，哭声也总是男孩子比女孩子大一些，要求得不到满足，男孩子就像个耐力型选手一样，扯着嗓子哭得吓人，直到你缴械投降为止。不仅如此，男孩总是让爸爸妈妈感到更"头疼"一些，调皮捣蛋的性子在还没有学会走路的之前就表露无遗，他们会比女孩有更多的肢体动作，翻身也相对早一些。

随着年龄的增长，男孩和女孩的性别差异也表现得越来越明显。对于玩具，男孩往往钟情于小汽车、宝剑或变形金刚，甚至路边的石头、泥土都可以变成他们游戏的道具，三五成群追逐打闹，或是扮演武侠剧情，战争片里的角色，个个都像小猛士。女孩子则更多的是拿着一些生活的小道具，有的当爸爸，有的当妈妈，还拿着布娃娃煞有介事地抱在怀里，神情俨然是一个慈爱的妈妈。千万不要小看孩子们这些角色扮演类的游戏。心理学家就指出，这些游戏中充满了孩子们对生活的理解和无限的想象：男孩子们想象自己像战士一样强大和威猛，女孩子早早地表露出了女性的细腻与温柔，孩子们就这样不留痕迹地表达了对于未来不同的期许。

在进入学龄阶段以后，我们会发现男孩女孩在学习上也有了不一样的表现。算术课上，如果老师问：我这里有3颗红色的星星，大家想想看，要加上多少颗蓝色的星星才能变成5颗星星？女孩子们听完老师的话，开始摆弄手中不同颜色的星星，数出3个红的，然后找蓝色的。男孩子们却已经开始大声报答案了，各种各样的答案都有："4颗""8颗""5颗"。当然最后男孩女孩都找到了正确答案。这个例子充分显示了不同性别的孩子在学习过程中的差异。教育学家和儿童问题专家通过试验也得出了同样的结论：男孩和女孩的学习方法和思维方式是截然不同的。另外我们还发现男孩子比女孩子有更好的空间想象能力，对于数学的学习，反应和领悟都比女孩子快一些。而语文成绩，却总是女孩子占优势，她们在幼儿时开口说话就较男孩子早，也更早学会阅读和写字。另外，因先天身体素质的缘故，学校操场上总是徘徊着男孩子跑跑跳跳的身影，他们在运动上表现更为突出，而在书写、画画、手工方面却总是输给女孩子。

其实，男孩女孩的不同，在出生之前，就已经决定了。当你把自己的宝贝捧在手上，以为他/她是白纸一张，等待你的规划和培育的时候，孩子的大脑其实已经为他们的性别编好了程序。大脑结构的区别和激素的分泌注定了男孩女孩成长过程中的种种不同。例如，因为胼胝体发达，神经连接成熟更早，女孩比男孩更早产生分离焦虑，这就是为什么在学校门口舍不得离开父母眼泪汪汪的大多都是女孩子。另外，女孩大脑中负责表达和处理复杂情感（如忧伤和幻想）的区域更发达，而男孩大脑中对于一些简单、直接的情感（如恐惧和愤怒）的区域更发达。这就是为何女孩更容易理解和感受别人的情感，更加善解人意也更多愁善感。相反，男孩表现得更加直接和对抗，他们经常在遇到困难的时候放弃口头表达而选择用武力来解决问题。而雄性激素的分泌使得男孩子在一定年龄阶段表现得更好斗，更富有竞争性。

是什么动力使个体性别化的？

大量的证据表明，环境因素也为性别差异的形成提供了有力的支持。儿童的社会环境——家庭、学校和社会提供了更多性别的榜样示范，为孩子们提供更多的机会观察学习，让他们向更加性别化的方向发展，这些都使得男孩子更加顶天立地，女孩更加秀外慧中。

（1）家庭父母的教养方式

在手术室大门推开的一瞬间，总会有个精干的小护士走出来笑嘻嘻地说："恭喜你，是男孩/女孩。"这是全家最幸福的时刻。孩子从呱呱坠地就因性别而受到不同的待遇。父母会根据孩子不同的性别取名字，男孩的名字一般倾向于表现阳刚之气，而女孩的名字则是温柔性的特质。在穿着上，父母几乎从婴儿性别被确认的那一时刻起，就开始购买带有不同性别色彩的服装来打扮孩子。另外，家长给孩子买玩具也是有差别的，男孩子的玩具多为枪、汽车，而给女孩子买的则是洋娃娃、小炊具等。

在整个教育过程中，不同性别的孩子也接受着不同的教养方式。一般情况下，父亲对儿子比较粗鲁，对男孩比女孩更倾向于使用体罚。而对女儿则比较和善，给予更多的保护、爱抚和更多的身体接触。另外，父母对男孩子更多地予以期望，着重培养他获取成功的毅力，训练他控制自己的情绪。而对女孩子的教育则是保护型的。父母还不断向孩子灌输男女的差别，教男孩勇敢、奋发向上。教女孩温柔贤惠、守规矩。同时，女孩会因为文静柔顺而受到父母的夸奖，男孩会因为顽强好胜而得到奖赏。这些都使得男孩和女孩的性别特征一步一步随着年龄的增长而固着下来。

（2）学校教育

在学校里，勇敢坚强的男孩子往往受到老师的青睐，乖巧温和的女孩子则受到鼓励与表扬。老师这种对不同性别的期待与奖赏行为潜移默化地影响儿童向不同的方向发展。另外，每个孩子都有自己喜欢的男老师或是女老师，这为他们提供了更多学习模仿的对象，使他们的性别角色发展趋于丰富。

（3）社会文化

一些学者认为性别角色来自人类早期的社会分工。在远古时代的人类社会生活中，男子因其强壮的体魄而担任起狩猎保护家园免于受侵的任务，因此在对外的责任中发展了独立性、果断性。女子因其有生育、哺乳等能力，需要抚养孩子和料理家务，在对内的职责中发展了亲和性、依赖性。最初的劳动分工经过反复实践，就逐步成为了一种社会秩序。在这种社会秩序下发展起来的性别差异一代代地传了下来。

（4）大众传媒

无论是动画片还是电视剧，孩子们在电视上都会看到很多表现男女差别的镜头，这些镜头多是表现男子的强健有力，女子的温顺和柔弱。孩子在观看的同时也会模仿。另外，广播和报纸杂志也不自觉地宣传这种差别。这样就更加深了儿童的性别差异，影响其性别角色的习得。

如何对男孩和女孩因材施教？

有人说"男人来自火星，女人来自金星"。无论身体还是思想，两性都有着神秘且巨大的差别，因此，养育子女采取"标准模式"是行不通的，在生活的方方面面，都要根据孩子的性别有所区分。教育孩子是个伟大的工程，有很长的路要走，接下来，我们就一起来看看能为孩子的性别教育做些什么吧。

伴随着宝宝出生的喜悦，父母对宝宝的性别教育也随之开始了。大自然赋予孩子天生的性别差异——男性女性，你的一声儿子和女儿的呼唤就是对宝宝进行性别教育了。宝宝从你的语气、声音中感受到父母喜欢我这个活泼的小女孩，或者是喜欢我这个调皮的小子，对于性别的认同也由此开始，宝宝了解自己的性别，并认同和接纳自己的性别，性别教育迈出了第一步。

给宝宝洗澡和做抚触的时候是教给宝宝身体部位的良好时机，轻轻地抚摸宝宝的每一个身体部位，然后温柔的告诉宝宝每个身体部位的名称。在告诉宝宝乳头，阴茎或阴道的时候要和说宝宝的鼻子、嘴巴一样自然。在这个让他明白男孩为什么是男孩，女孩为什么是女孩，让他们掌握男女的分类标准。此外，也潜移默化地教育他们懂得自我保护。

在孩子们了解自己性别的基础上，家长就要为孩子灌输不同的性别角色相关知识。让女孩出落得更加亭亭玉立，而男孩子更加顶天立地。

孩子会通过观察来接受外界新鲜的知识，会发现有些小朋友的衣服和自己差不多，而有些不一样，这样他们就逐渐产生正确的性别归属感。生活中父母可以给男孩子多挑选蓝色、绿色的上衣，配上直挺的裤子，这样可以帮助他们养成坚毅的性格；而女孩则用粉色、红色装扮她们，配上小裙子，让她们从小感受温柔和包容。

心理学家提醒家长，要根据孩子的不同特点选择适当的活动。男孩可以多玩机器人、汽车等机械类玩具，开发他们的创造力；女孩则可以玩布娃娃、过家家等游戏，激发善良体贴的母性本能。男孩可以多进行爬山、溜冰等户外运动，让其心胸更开阔；女孩可以学学体操、游泳等，培养其优雅的气质。

由于女孩大脑中负责复杂情感的区域更发达，因而，女孩比男孩的感情更加细腻与敏感，就仿佛晶莹剔透的水晶，珍贵却易碎。因此，女孩的一举一动需要父母敏锐的感受和及时的反应。同时女孩又很脆弱，有时可能一件点滴小事就令其情绪起伏，伤心哭泣。此时你的拥抱、安抚、开导就是一副"良药"。男孩子的情感表达方式更直接，有时会用大喊大叫的方式来发泄情绪，这就需要父母更多的理解和宽容，给他适当的发泄机会，等事后再和声细语地告诉他更好的表达方式是什么，并肯定他有能力、有时间调整自己。另外，男孩不善于用语言表达自己的意愿和情绪，也更需要父母细心观察孩子的情绪波动，及时进行安慰或疏导，避免孩子被负面情绪缠身。

女孩子无论哪个年龄段都需要更多的关心，当她独立完成一件事情时如果您提供帮助，她可能会感觉到更多的爱。反之，给她太多空间时，她可能会觉得遭到了拒绝、忽视。当女孩向家人"抱怨"某事时，实际上她只是希望受到关注，因此给她一个方法之前，最好先进行安抚。男孩需要更多的信任，当自己独立完成一件事时会自我感觉良好。例如，在遇到挫折时，他更希望证明自己的能力，因此他可能会固执地拒绝父母的帮助，想独自做好这件事。如果过于关心男孩并提供过多的建议,他很容易把这种行为看成是"不相信我能自己处理好"。所以父母要给男孩子更多的空间,让他独立去面对和解决挫折。

不同性别的孩子需要不同的教育方式,而孩子的教育也需要不同性别父母的共同合作。俗话说"父亲是高山,母亲是大海"。正如新生命的形成是父母共同合作的结果一样,孩子的教育也需要父亲和母亲携起手来共同完成。这样,孩子才能在父爱和母爱温暖的陪伴下健康地成长。

帮助孩子建立积极健康的人际关系

孩子从小就表现出与人交往的需要：当妈妈喂婴儿吃奶时，用"呵呵"的声音与婴儿互动，婴儿会看着妈妈，同时也发出声音来回应，这是亲子之情的流露和表现。孩子非常喜欢跟小伙伴交往，即使不认识，只要碰在一起，八九个月大的婴儿便会互相摸抓，以表示亲热，年龄大一点的则因为有共同的乐趣、相互能懂的语言，很自然地在一起玩耍。

为什么人际交往对孩子很重要？

国际21世纪教育委员会提出，人际交往能力是教育的四个支柱之一，孩子早期人际交往技能、交往状况会深深影响其未来的人际关系、自尊，甚至幸福生活。

每一个生活在社会中的人都具有很强的与人交往的需要。当一个人处于孤立环境中时，短时期内还行，时间一长，就难以忍受了，更谈不上快乐和幸福了。可以这样说，人际交往与一个人生命的质量是密切相关的，这就意味着人际交往不是人生命中的调味品，而是生命中不可或缺的组成部分。

哈佛大学心理学家加德纳给人际交往下的定义是能够察觉并区分他人的情绪、意图、动机和感觉，并运用语言、动作、手势、表情、眼神等方式与他人交流信息、沟通情感的过程。

就像人需要吃饭、穿衣一样，人际交往也是人的一种最基本的需要。孩子从小就表现出与人交往的需要：当妈妈喂婴儿吃奶时，用"呵呵"的声音与婴儿互动，婴儿会看着妈妈同时也发出声音来回应，这是亲子之情的流露和表现；孩子非常喜欢跟小伙伴交往，即使不认识，只要碰在一起，八九个月大的婴儿便会互相摸抓，以表示亲热，年龄大一点的则因为有共同的乐趣、相互能懂的语言，很自然地在一起玩耍；成为学生以后，孩子就需要扩大交往的范围，通过与更多人的交往来学习与成长，也通过与更多人的交往学习合作、竞争与分享；进入青春期的青少年，随着人际交往能力的提高，孩子对于人际交往有更高的要求了。不论是哪个年龄段的孩子，当他们的这种交往需要得到满足时，都特别愉悦与满足。

人际交往的意义可以概括为以下几个方面。

（1）与人交往是一个人的性格形成与发展的必要条件

婴儿出生时，尽管具备了形成独立人格的所有潜在的可能性，但由于无法将自己和他人、自己和外界区分出来，婴儿是没有自我的。随着不断与人互动，婴儿发现了自己和他人的不同，并学会识别他人的表情，同时也可以体会到各种情绪（如高兴、害怕等）……正是在这种交往中，婴儿发展出关于自己、他人和世界的看法，形成与他人相处的方式。这就是婴儿独特性格的雏形。随年龄的增加，儿童性格中的一些特征会不断完善、变化，慢慢地固定下来，形成比较稳定的性格特征。当然，这一切都要建立在与人互动的基础上。如果没有与人的交往活动，所有这些都不存在，或者产生畸变，孩子将因为无法适应社会生活和社会发展，而被社会所淘汰。

（2）顺利地与人交往有利于个体的身心健康

孩子如果身处在相互关心爱护，关系密切和融洽的人际关系中，可以丰富个人生活，提升生命能量，缓解紧张和孤独情绪。从与别人的互动中感觉到自己存在的价值，也从别人的认可中获得一定程度的滋养，从中体会到愉悦，增强自尊心，有益于身心健康。不良的人际关系，会干扰人的情绪，使人产生焦虑、不安和抑郁。严重不良的人际关系，还会使人惊恐、痛苦、憎恨或愤怒。现代医学研究表明，恶劣的情绪实际上是对身心健康的最大摧残。孩子的身心健康需要良好的人际关系。

（3）与人交往有助于个体的智能发展

美国人际关系学大师卡耐基经过长期研究得出结论：专业知识在一个人成功中的作用只占15%，而其余的85%则取决于人际关系。

每一个孩子都是独特的：思想相当活跃，有很强的好奇心，渴求知识和信息的愿望相当强烈。孩子生活在群体之中，希望能表达自己，希望自己的感受和想法被听到，渴望从别人身上学习，因此孩子相互交往、相互沟通占了他们大部分时间。正是通过这种交往和沟通，使他们的知识不断丰富、能力不断提高、视野不断开阔，也正是这种交往和沟通，使孩子们学会了分享与合作。

（4）良好的人际关系是人生幸福的需要

人是否幸福取决于两个因素，就是能否丰富与闲适。丰富包括物质层面和精神层面。也就是说人生幸福必然包含有物质生活的内容，创造物质生活的幸福，会受到人际关系状况的影响。良好的人际关系有利于营造使人在物质生产过程中充分发挥创造力的优化环境，人的积极性创造性的发挥，能增加物质财富的生产，丰富人们的物质生活。良好的人际关系也使得人与人之间的物质交往渠道畅通，人与人之间互通有无，互利互惠，可能得到更多的物质享受的幸福。

人生幸福还必然要求精神生活的满足。精神生活的满足，包括是否被爱、被关注、被肯定、被尊重，而这些愿望的满足都与人际关系相关，尤其是与亲密关系的质和量密切相关。当我们精神层面的需要得到满足，我们就会被理解，与他人是连接的，就会感到安全，找到归属感，觉得自己的生命是有意义的，自己是重要的。这样我们就可以更加轻松地活着，活出自己本来的样子。

孩子早年的依恋关系决定以后的人际交往模式？

近年来，心理学者通过大量研究，发现了一个令人瞩目的事实：婴儿期与周围亲人所形成依恋的内部心理作用模型，会成为孩子人格的重要组成部分，影响其未来的人际关系。这种影响会在孩子及他成人后的各种社会关系中呈现出来。英国心理学家约翰·鲍比将依恋构思为一生的建构，孩子会带着对父母依恋的情结跨过童年、少年，进入成人期。例如，孩子在一生中处理其与父母的关系，进入幼儿园以后与同伴的关系，进入小学以后和同学的关系，中学时期与亲密朋友的关系，青年期之后与恋爱对象的关系，结婚以后与配偶的关系，做了父母之后与子女的关系，以及在工作岗位与同事、领导的关系，甚至在陌生场合与陌生人的关系都与其早年建立的依恋关系有关。当然，这个内部心理作用模式不是一成不变的，它会随着个体人际关系经验的积累而不断修正或扩展。

提出依恋概念的鲍比认为，依恋是进化的产物，是"编入遗传密码的程序性的东西"，是动物和人的生存本能。鲍比认为，婴儿在饥饿、寒冷、不舒适时发出的哭声或尖叫声，是向父母发出的信号，这套信号是存在遗传信息中与生俱来的。出生后，随着婴儿认知和情绪表达能力的进步及其父母的疼爱和关怀，依恋就慢慢形成了。

鲍比认为，通过0~2岁这一阶段的人际交往经验，婴儿与养育者建立起一种持久的情感联系，这种情感联系将作为一个内部心理作用模型持续发挥作用。通俗地说，这个模型会决定婴儿最早看待自己和他人的观点，即我是好的、有价值的、可爱的吗？父母（他人）是好的、值得信赖的吗？

在鲍比之后，美国一位著名的心理学家玛丽·爱因斯沃斯长期致力于研究婴儿依恋问题。她发现，在婴儿中存在着安全型依恋和不安全型依恋两大类型。

安全型依恋：由于婴儿在表达各种需要的时候，得到父母即时、敏感的回应，并且这种回应是充满关爱的，因此婴儿认为自己是好的、可爱的、受重视的，是可以自由呈现自己的。同时婴儿对父母和周围人也产生了信任感，相信当自己有需要时，父母会很快给予帮助。由此孩子相信，人和人之间都应该这样相互信赖、相互帮助。他们把父母作为安全基地，敢于探索周围环境。

在不安全型依恋中又可以分出三种亚型：回避型、沉溺型和矛盾型。

回避型不安全依恋：如果婴儿在多次表达各种需要时没有得到父母即时、敏感的回应，甚至被父母惩罚时，就决定不再表达自己的各种需要，更愿意用自己的方式照顾自己。回避型不安全依恋的孩子没有建立起对周围人的信任，不相信当自己有困难时周围人会及时给予帮助，所以，他们对别人也冷漠、不关心。

沉溺型不安全依恋：有些婴儿天生具有高敏感神经，会对外部的微弱刺激做出激烈反应。这类婴儿不一定没得到父母的关爱，只是父母的回应不够及时和敏感。他们表现得胆小、退缩，对新环境、新刺激极其谨慎，若要感觉心安，就得过分依赖他人的赞许，他们过分寻求认同，沉溺于人际关系。

矛盾型不安全依恋：这是一种最不安全的依恋模式。在实验室里，当妈妈离开时，这一类型的孩子会哭闹；但当妈妈回来时，他们又表现出许多令人困惑、自相矛盾的行为。例如，妈妈抱起他，他本应该高兴，却显露出抑郁的情绪；一些婴儿与父母交流时表情茫然；一些婴儿在受到安慰后意外地哭起来，或者表现出奇怪的冷漠态度。通常当婴儿无法预料自己在需要照料时将会得到什么样的对待，比如有时母亲会悉心呵护，有时又烦躁焦虑，甚至有时不出现，婴儿就容易产生焦虑、复杂的感情，他们由于不能确定主要抚养者是否以及何时会回来照顾自己，这样的依恋类型就是矛盾型不安全依恋。

依恋，这一孩子早期特殊的与成人的情感联结，作为相对稳定的潜在内部模式，广泛而持久地作用于儿童多方面的发展，尤其是对儿童社会性的发展。父母及抚养者应十分重视早期儿童积极依恋的形成，力求儿童的安全依恋而避免不安全依恋，为儿童心理品质及社会性地进一步发展奠定良好的心理基础。

父母如何培养孩子的安全感？

孩子在3岁前如果与父母之间的依恋类型是安全的，就容易形成健康、独立的人格。有了健康的独立的人格，就容易与他人建立健康的人际关系，并从人际交往中汲取营养。孩子是在与父母的互动中不断形成和完善自我的，所以孩子依恋关系的品质很大程度上取决于孩子所处的环境及父母的养育态度。因为孩子有一种无法靠自己来满足的需要——获得积极关注的需要，随着孩子自我意识的萌芽，这种被称为积极关注的需要开始出现。这种需要，简单地说，就是需要别人对自己的肯定、看重、认可和喜爱。下面我们结合埃里克森、鲍比、温尼科特、马勒等心理学家的观点，对每个年龄段儿童的心理特征进行描述，并提出对父母的一些建议，目的是帮助父母协助孩子形成安全的依恋类型。

（1）正常的孤独阶段（0~1个月）

刚出生孩子的世界，一切都是混沌一片，孩子大部分时间都在睡觉，这是一个真正未分化自我封闭期。

（2）正常的共生期（1~5个月）

孩子出生后第5周，朦胧地意识到有人在满足他的需要，但他将母亲感觉为自己的一个部分，认为自己与母亲是完全融合在一起的，有无界限的海洋感。这是正常的共生，是一种全能的融合状态。这时儿童没有内-外、自身-他人的区别，但孩子需要母亲的关注已经开始，以这一点为基础，随后的全部人际关系将得以形成。

（3）分离与个体化（5~36个月）

分离是孩子与母亲从心理上分开，拉开距离，解放出来的过程。个体化是孩子发展内心的自主性的过程。

这个阶段非常复杂，由一系列亚阶段组成，每个亚阶段之间又有重叠。这个阶段开始于出生第5个月，一直持续到第3年或第4年。个体对自己的感觉以及所拥有关系的特性，大多由这个阶段决定。

第一个亚阶段大约开始于出生后第6个月，持续到第10个月。这个亚阶段儿童开始在身体上与母亲拉开一点距离，同时"扫视"其他人，并把母亲与其他人进行比较。孩子开始检查什么是属于母亲的，什么不是属于母亲的。正是在这个时期孩子开始认生。当他开始探索这个世界，并且发现世界的范围远非他的嘴唇和手指所能触及得到的，分化就开始发生了。

在大约第10个月或第11个月，孩子进入实践亚阶段。这一亚阶段约持续到一岁半，其显著特征是孩子开始进行四肢爬行和直立行走。当孩子爬行和行走时，便可以在身体上将自己与母亲分离。尤其是独立的直立行走时，孩子开始用全新视野看世界，这时的孩子对世界充满了好奇。同时，第一次感到了自己的力量，并对世界充满了全能感，更积极地探索世界。但孩子仍然将母亲当作"情感基地"，在探索过程中不断要回到母亲身边或不断核对母亲是否在周围。

一岁半的儿童，一方面已经发现了与母亲的分离，也了解到没有母亲是无法生存的，全能感的下降和依赖感的增强使孩子重新返回母亲那儿。这是马勒所描述的和解时期，从1.5～2.5岁。这时孩子语言表达能力迅速提高，开始与母亲及其他人（尤其是父亲）之间进行越来越多的互动。一方面孩子通过抗拒母亲与其他人来保护和扩大自主性，另一方面他们也体验到了在征服世界时面临的困难，感到自己的无助、渺小和孤独，需要母亲或其他人来缓解他们内心的压力。这个亚阶段的典型行为是尾随和突进性行为，孩子有时尾随母亲，注视母亲的每一个动作，又会突然离开母亲，希望母亲回去追逐他们，将其再度抱在怀里。这个亚阶段的另一个标志是出现分离焦虑，当母亲或其他重要他人离开时出现黏人状态。

孩子在2岁左右进入到情感客体永久性与个体化的阶段。这个亚阶段的目标是，达到一定程度的客体永久性及巩固个体化的过程。客体永久性以意味着孩子有能力将母亲这个人的音容笑貌内化到自己内心中，成为自己人格结构中的一个部分。这样当母亲不在身边时，孩子可以在内心里找到母亲的感觉，并能像母亲一样关心和照顾自己。正在这个过程中，孩子会将母亲的好的方面和坏的方面整合起来，融合成一个整体。

从上面的描述我们可以看到孩子的早年的成长是从完全的依赖，通过相对依赖过渡到独立的过程。温尼科特创造了"足够好的母亲"的学说，用来强调为使孩子获得好的生活开端而提供充分满足的父母的作用，强调父母要适应孩子所需要的一切。具体说在共生阶段，父母要无条件地接纳和包容孩子，要全神贯注紧随孩子的需要，满足孩子全能幻想，这样孩子会觉得世界是可以信任的，他人是可以信任的，自己是足够好的。在分离与个体化阶段，父母一方面需要鼓励和欣赏孩子的自主性和冒险行为，同时要提供安全舒适的环境，保护孩子的安全，尤其要在情感层面给予孩子大量的爱与关注，如身体的接触、眼神的接触、温暖的笑容、温柔的语言，这些对孩子都是必不可少的。一岁半以后的孩子需要在情绪层面上继续接纳和理解他们，可在行为上要有一些限制了，要明确告诉孩子什么是对的，什么是错的。当孩子出现一些不恰当行为时，父母需要在限制他们行为的同时，理解和接纳他们的情绪，也就是平时所说的"温柔的坚定"。有时父母对孩子的需要可以延迟满足，父母还要帮助孩子学习节制。

孩子会有哪些沟通方式？

沟通是与人交往的桥梁，沟通模式也代表每个人的生存姿态。一个人与生俱来就有沟通的需要和愿望，其人际关系和生命质量也常常因沟通受到影响。根据美国著名家庭治疗师萨提亚的观点，当个体很小的时候，为了适应环境求生存下来，尤其是面对压力或威胁时，常常因为要保护自尊而发展出四种常见的生存姿态，也就是沟通模式。这四种沟通模式分别是：讨好型、指责型、超理智型、打岔型。

讨好型： 采用讨好的沟通姿态的人，会对与他沟通的人和沟通的情境非常重视，可常常对自己不重视，忽略了自己，讨好常常以一种令人愉快的面目出现，因此在家庭中得到高度的接纳。然而，讨好是以牺牲自我价值为代价的，他们的内在价值感比较低，否认自己的自尊，并传递出这样的信息"我不重要，你重要"。言语中经常流露出"这都是我的错""我应该永远对别人和颜悦色"之类的表达。他们在行为上过度和善，习惯于道歉和乞怜，他们的感受是悲伤、害怕和被压抑的愤怒。更极端地说，讨好会导致他们通过自我牺牲、自我伤害来证明自己的重要性。

指责型： 指责是与讨好截然相反的姿态，有些人为了保护自己，不断责备别人，藐视他人，认为只有自己和情境是需要考虑的。当责备别人时，他们通常表现为专制、敌意、爱找麻烦或暴力，会大吵大闹，传递出的信息是"我好，你不好",言语中流露出的是"都是你的错""你什么事情都做不好"。他们在行为层面上非常强势,不肯承认自己的脆弱,情绪大起大落,经常责备他人,会时常断绝自己与其他人的亲密关系。他们相信如果将自己的脆弱暴露给别人,就会受到伤害。这一类型的人由于陷入到盲目的愤怒中,而隐藏着他们内心的害怕、孤独与悲伤。

超理智型:超理智的沟通模式漠视自己和他人的价值,仅仅关注所处的环境背景。这种姿态的显著特征就是保持非人性的客观,他们既不允许自己,也不允许他人关注自己的感受。传递出的信息是"你我都不重要,情境才是重要的""成熟意味着不去触碰,不去抒发自己的感受"。他们无论是说话还是思考,都力求尽善尽美,不断运用复杂的术语,琐碎的细节以及详尽的描述来证明自己永远是正确的,从不会考虑别人是否理解。当表现得超理智时,人就退出了人群,承受孤独,变成了严厉的、原则性的,像电脑或机器人一样冰冷与僵硬的人。

打岔型:打岔的人似乎一刻也不能保持静止,他们企图将别人的注意力从正在讨论的话题上引开。他们不断变换想法,并且希望能够在同一时间做无数的事情。对打岔的人来说,他们不关注自己、他人,也不关注情境。人们常常对他们的出现充满欢乐,因为他们总是可以打破各种尴尬的气氛。许多多动的孩子和在校园里的开心果孩子通常都是打岔的,他们的行为常常是不稳定和无目的的,他们内在的感觉是混乱的。

萨提亚女士认为每个孩子在家庭中学会了这些沟通模式,他们中的大部分人会被深深禁锢在这些模式当中。当然,大多数人并不会在所有时间内都处于某一种典型的沟通模式,在不同情境中,他们会采取不同的沟通模式。不过除非他们学会一致性表达,否则将会受到这些不一致的沟通模式的限制。这些沟通模式会给自己和他人带来伤害。

如何帮助孩子学会沟通?

沟通模式一致性是萨提亚女士所倡导的目标。这是一种最直接而真诚的沟通模式。这种模式建立在高自我价值的基础之上,达到自我、他人和情境三者的和谐互动。这是每一个人都需要学习的。

沟通模式一致的人，言语表现出一种内在的觉察，表情流露和言语是一致的，行为是生动的、创造性的、独特的，内心是和谐、平衡的。他们爱自己，关心他人，同时充分与环境接触。他们不论是身体还是心理都是健康的，与人沟通时言语表达和非言语信息是一致的。一致性既是一种与自我和他人进行沟通的方式，也是一种存在状态。

父母要帮助孩子学习一致性沟通，应该怎么做呢？

（1）父母自己要先学习一致性沟通

首先父母了解了一致性沟通的含义，从觉察自己的沟通姿态开始，在自己原有的沟通姿态基础上加上一些新的元素，达到一致性的目标，才能与孩子的互动中，表现出自己的一致性。当父母一致地与孩子接触与沟通时，孩子就可以体验到父母无条件的爱，会得到很好的滋养，就能够学会充分一致地表达出自己的生命能量。同时，他们也愿意去爱周围的人，与所处的环境有一份好的连接。

（2）父母学会倾听和理解孩子的想法与感受，并协助他们表达出来

实际上，孩子在学龄前就通过与父母的人际互动形成了自己典型的沟通姿态。当然，孩子并不是所有时候都只处于某一种典型的沟通姿态。在不同情境中，孩子也许会采用不同的应对方式，当孩子长时间讨好他人而内心里压抑了太多的愤怒时，就开始转化为强烈地指责他人，然后又从指责型变为超理智型或打岔型。父母需要理解孩子用这些沟通姿态时，他们真正想要满足的需要是什么。

对于总是采用讨好的沟通姿态的孩子，父母需要了解这些孩子。他们对自己的评价不高，不相信自己的能力，担心自己表现不好父母就不喜欢他们，压抑自己的需要，去做父母希望他们做的事来赢得父母的欢心。所以父母首先要去倾听这些孩子的感受。通常这种类型的孩子愿意表达他们的害怕和悲伤，但对内心压抑的许多愤怒很难表达出来，因为当他们表达愤怒时会有很多内疚和自责的。

总是指责的孩子，觉得都是别人不好，有很多没有被满足的期待，很容易表达愤怒。作为父母，可以从倾听他们这些未满足的期待入手，先倾听他们的愤怒，然后去了解他们的脆弱部分，如恐惧、孤独及受伤部分。

超理智的孩子，通常表现得很聪明，成绩比较好，做事认真负责，一般老师对他们的评价都比较高。但因为他们不关注自己和他人，有时显得比较冷漠和高高在上，与人的关系比较远。对于这样的孩子，父母要欣赏他们的博学和细致的观察力，在倾听他们的想法的同时，引导他们体验自己的情绪，协助他们用语言表达自己的情绪。

打岔的孩子，通常没有目标和方向，不能与别人连接，甚至很难与自己连接。他们是低自尊的，同时他们也不信任别人。这一类型孩子的成长环境通常都不太理想。所以父母面对这样的孩子，需要极大的耐心，要给他们大量的爱和关心，让他们认识到可以信任父母。这样的孩子，很多时候需要更多的支持，所以这样的孩子和他们的父母是需要老师和咨询师的协助的。

（3）父母针对不同沟通姿态的孩子，增加一些新的元素

萨提亚认为，每一种沟通姿态都包含着自我完善的、一致的种子。

讨好中隐藏着关怀的种子，父母需要欣赏讨好的孩子身上的关怀、滋养、灵敏的资源，同时给他们增添一些自我觉察和自我关怀的资源，他们就可以像关怀别人一样关怀自己了。

指责的孩子身上隐藏着果断的种子，父母需要欣赏他们的敢于表现和领导能力，同时为他们添加一些对他人的关注和肯定，就可以同时达到表里一致和自信的效果。

超理智的孩子比较聪明，对环境的适应较好，父母需要帮助他们将自己的情绪、身体感受和拥有的才智整合在一起，帮助他们承认自己和他人，那么达到和谐和完善的机会就会大大增加了。

打岔的孩子身上藏有创造和变通的种子，幽默、自发性、创造力、有弹性都是他们很好的资源。父母要帮他们将自我、他人和情境各方面都接纳和整合起来，这样他们才能够利用自身的创造力、自发性以及恰当的幽默感来实现表里一致的目标。

孩子的人际交往有什么特点？

我们谈到了人际交往的重要性，谈了婴幼儿早期的依恋模式对长大后交往方式的影响，尤其谈了孩子早期形成的沟通模式及父母如何接纳和尊重孩子。下面，我们主要谈孩子进入学校后，人际交往的特征会有哪些不同呢。

孩子进入学校后，除了亲子关系、同伴关系和师生关系成了他们重要的人际

关系。我们来看一下这三种人际关系的发展与变化。

（1）亲子关系的发展与变化

第一阶段：父母控制（6岁以前）。这时候，大部分决定由父母做出。

第二阶段：共同控制（6~12岁）。这时候，父母主要有三个职责：在一定范围内监督和引导孩子的行为；有效利用与孩子直接交流的时间；加强孩子自我监督行为和教孩子知道何时寻求父母的指导。

第三阶段：孩子控制（12岁以上）。这时候，孩子自己做出更多重要决定。

当孩子与父母处于共同控制阶段时，与同伴的交往明显增多，他们对父母从完全信服到开始表现富有批判性的怀疑与思考，但他们对父母怀有深厚的依恋感情，亲子关系对孩子成长非常重要。

（2）孩子同伴关系的发展与变化

同伴关系是年龄相同或相近的孩子之间的一种共同活动并相互协作的关系。同伴交往是孩子实现社会化的一个重要手段，起着成人无法替代的独特作用，因为同伴关系是一种平等的关系，是满足孩子社会化需要，获得社会支持，获得安全感与归属感的重要源泉。

同伴关系对孩子的作用包括减少孤独感，帮助孩子掌握必备的社交技能，影响孩子性别角色同一性的发展，促进孩子情绪、情感的良好发展，使孩子摆脱"以自我为中心"，发展良好的社会行为，对孩子的价值观、态度、能力有深远的影响。

根据巴格劳的研究，将孩子对友谊的期望分为三个阶段。

第一阶段：得失阶段，出现在小学二三年级。朋友是住得较近，有好玩的玩具，喜欢与自己一起玩，玩自己喜欢的游戏的同伴。

第二阶段：常规阶段，出现在四五年级。有共同价值观和准则在衡量是否为朋友时变得更重要了。朋友是互相支持、互相忠诚的人，还应该彼此分享，互相帮助，彼此合作。

第三阶段：移情阶段，开始于小学五年级。孩子开始把朋友看成是有共同兴趣，互相了解、互相透露个人小秘密的人。

研究还表明，孩子对他们喜欢的同伴，在性别上的选择，青春期以前倾向于选择同性。这主要是因为同性别的孩子具有共同兴趣和活动方式，便于相互合作与交流；选择同性别的同伴也反映了孩子性别认同的作用。

孩子在与异性同伴的交往中，会有一些有趣的现象：有些男生，尤其是低年级男生，常常采取制造事端的方式与女生接触。如把女生的文具藏起来，在课桌中间画一条线等。以这些行为表明这些男生对女生特有的兴趣。随着年龄的增长，男女生会表现出微妙的变化，如表现出拘谨、腼腆、故意漠不关心等。所有这些行为特征都是孩子异性交往的特点。

（3）师生关系的发展与变化

师生关系会对孩子产生重要影响。首先，师生关系影响孩子的学习态度与学习成绩。教育界把教师的期望对学生行为产生明显影响这一现象称为共鸣现象。许多孩子对喜欢的老师所教的功课就愿意去学，成绩也好，对不喜欢的老师教的学科就不愿学习，成绩也差。同样地，当教师对学生有高期望时，就会表现出积极的情绪，对学生的提问和关照也多，这就会使孩子增强自信心，加倍努力学习，自然会提高学习成绩。

师生关系的好坏对孩子人格的发展也很重要。民主和谐的师生关系，有助于孩子形成情绪稳定、自信、乐观外向等人格特征，相反，紧张冷漠的师生关系会导致孩子形成焦虑、偏执和低自尊的人格特征。

师生关系会随着孩子年龄的增长发生变化。刚入学的孩子，对老师充满崇拜与敬畏，老师在孩子心目中是绝对的权威。孩子无条件地服从老师的要求，老师的话甚至比家长的话更有效。在这个时期，师生关系比较平稳，孩子对老师的服从心理有助于他们尽快学会遵守学校的规章制度，适应学校生活。从三年级开始，孩子的独立性和评价能力不断发展，孩子们对老师的态度发生变化，师生关系出现了不平稳状态，老师的权威地位开始受到挑战。孩子开始对老师做出评价，对于满意的老师表现出亲近，并报以热烈的反应，对于不满意的老师则会引起反感或反抗。

青少年人际交往有什么特点？

进入青春期的少年希望自己有丰富的人际交往世界：在这个世界中享受关爱与被关爱，帮助与被帮助，理解与被理解带来的快乐，希望拥有令人感到友善和温暖的人际环境。这个阶段，孩子有两大交往领域：纵向的是与父母、老师的交往，横向的是与同龄人的交往，每个人的种种缘分就纵横交织其中。但不少的个体虽人际交往的欲望很强烈，却常常感到缺乏朋友，无法摆脱心灵的孤寂。人际沟通障碍在这一年龄阶段所占的比例最大。

这个阶段的少年人际交往的特点主要表现为以下几个特点。

（1）功利色彩较少，感情色彩浓厚

相对于社会上的人际关系来说，少年的人际关系还是比较单纯的，少年之间的交往显得真诚、自然，造作、虚伪和世故的交往每每为少年所唾弃。但这种单纯性也往往因带有极大的理想色彩而遭遇挫折。

（2）交往方式具有自主、平等

随着自我意识的逐渐形成和发展，少年独立和自尊的要求越来越强烈，少年期望交往双方真诚、坦率、心理相容、彼此尊重，反感一方委曲求全，一方居高临下。平等交往的需求使得那些谦和、真诚、善解人意、通情达理、热情乐观的人成为少年们乐意交往的对象，而尽量回避自我中心的人，回避居高临下的训诫。有趣的是，少年常常看到有些人一方面说讨厌别人的自我中心，一方面自己却又表现出同样的问题而不自知。

（3）高期望值与高挫折感

少年对人际关系的追求往往带有较浓的理想化色彩，无论是与同龄朋友交往，还是与师长交往，都希望交往不带任何杂质，并以理想的标准要求对方。一发现对方某些不好的品质就深感失望。不少人体会过人际交往的挫折感，并因此而体现出渴求交往与自我封闭的双重性。

家庭关系如何影响孩子的心理塑造

孩子生活的环境对其今后的人生观有深远的影响。您为孩子提供了一个比较和谐的环境吗？您是一个好妈妈吗？孩子在成长过程中体会到了深深的父爱吗？您身边有不健康家庭关系对孩子造成负面影响的例子吗？

如何成为一个好妈妈？

母爱，是天下最伟大最无私的爱。一位唐山地震亲历者说，他所在的小区，绝大部分妇女都在地震中死去，大部分男性得以生还，因为在地震发生的瞬间，男人下意识的反应就是逃生，而母亲首先想到保护孩子，因而耽误了宝贵的逃生的时间。天下最无私的母爱，在灾难来临的时刻更加崇高和伟大。

然而，如何将母爱转化为有益于孩子健康成长的自觉行为，却需要很多智慧甚至巨大勇气。

（1）好妈妈，完全接纳孩子的出生

西方的婚礼上，神父会对新娘（新郎）说：你是否愿意这个男子（女子）成为你的丈夫（妻子）与他缔结婚约，无论疾病还是健康，或任何其他理由，都爱他，照顾他，尊重他，接纳他，永远对他忠贞不渝直至生命尽头？

同理，准备要孩子的时候，你要先这样问问自己：我是否已经做好准备成为我孩子的妈妈，无论他是男是女，无论他是漂亮还是丑陋，无论他是健康还是残疾，无论他是聪明还是愚钝，或其他任何情况，我都爱他，照顾他，尊重他，无条件接纳他成为我的孩子。

准备怀孩子前，需要问自己是不是真心想要小孩了。现代社会经济飞速发展，与社会文化建构、精神需求发生激烈碰撞，"怀孕逼婚、母凭子贵、遗产继承"这些现象像在看电视剧，但不排除生活中也有。所以女人想做好妈妈的前提是准备好了，只是单纯想做妈妈了。生孩子不是争夺更多的权力或利益，不是因为父母辈想抱孙，不是为了别人，考虑清楚了再生孩子，是对自己，也是对孩子负责。

处理好自己的创伤，特别与父母的关系需要和解。有过母婴分离、父母离世、经历意外伤害事故等创伤的女人，如果在准备做妈妈之前有条件约见几次心理医生是比较好的，因为怀孕和婴儿降临会激发创伤体验，并且它的破坏性不被觉知。

一位数次流产后现在又怀孕但需要保胎的准妈妈告诉我,"以前不理解为什么自己总是流泪,特别是看到母女在一起的场景,无论他们是在争吵还是在欢笑,无论在电影还是在生活中看到,我都会流泪,现在明白了,她们是争吵还是欢笑都不重要,她们在一起!"她有这样的经历。从小都被留在老家生活,妈妈在外在打工,一年见一面,她学习的最大动力就是考上妈妈打工所在地大学去和她在一起生活,后来她真的考上了,但她上大一那一年,妈妈因病去世了。

当然有这样曲折经历的毕竟是少数,但我们成长过程中的创伤会让我们产生一些情结,或者说错误信念,这位准妈妈内在可能会有这样一些错误信念:"我是不被妈妈喜欢的,妈妈是狠心的,母女的关系就是分离,我做妈妈有意义吗?我有资格做妈妈吗?"所以觉察自己,寻找到一些情节对生活的影响,并清扫它,也是成为好妈妈的一个重要条件。

不管是过分依赖父母,自己都还没有长大,还是与父母过于敌对的,都需要反思自己,创造让自己长大的条件让自己先成长。心理上没有与母亲断奶的女人,只能当自己的孩子是玩物,不能真正承担养育责任。一个被爸妈过度责打的女性,在她有了孩子后容易走向两个极端,一是打孩子,二是对孩子过分迁就、溺爱。

参加一些实操班的学习。现在的准妈妈们时尚、开放,也重视教育,但她们了解的育儿知识大部分是网上查来的,或听专家的,或被妈妈告知的育儿经,停留在理想化状态。在孩子出生前参加一些婴儿抚育、护理实操班等可以帮助准妈妈较好地迎接婴儿的到来。

成为妈妈之前就要有心身的全面准备。身体、心理、经济、工作等条件的准备和评估都是必要的,其中最主要还是心理准备,当一个内心的声音告诉自己:我想做妈妈了,我能成为好妈妈,并且这个声音不可阻止,那就是最佳时刻到来了。我相信,准备好的女人心情应该是愉悦的,自然而充满激情,会安然地等待孩子的到来。

(2)好妈妈,跟随孩子成长而成长

没有哪种教育方法放之四海皆准,普适于所有孩子。没有哪种方法可以成为对某个孩子教育终身管用的"宝典"。承认孩子的独特性,意识到孩子每时每刻每天每年都在长大,他的身体在长大,他的脑袋瓜在成长,他的自我意识不断发展,自我探索范围不断扩大,独立自主的愿望不断增强。妈妈只有不断学习、不断寻找新的方法,才有利于孩子身心健康发展,才有利于保持和谐亲子关系。做妈妈,是女性终身的伟大事业。

幼儿期(7岁之前),母爱是孩子温暖的港湾

与孩子建立亲密依恋,是孩子6个月之内妈妈的主要任务。

依恋是由儿童与母亲的共生关系引发的,孩子的依恋主要通过母亲的爱抚、心跳、体温、哺乳来实现。母亲的接纳、喜欢、拥抱、躯体抚慰和精神关注,将促进孩子与母亲形成信任、安全、温暖的关系,这样的依恋关系能让孩子变得健康、活泼、开朗、自信和自尊。如果因为种种原因,在孩子出生后的前两年没有形成好的依恋关系怎么办呢?只要孩子在5岁以前回到父母身边,父母尤其是妈妈给予孩子无条件接纳、欣赏,并适当增加躯体接触、温暖的拥抱、轻柔的抚慰、细心的照料,孩子可以重新获得与母亲的依恋。

孩子在婴儿期的需求一般通过哭声来表达,妈妈要积极倾听孩子的哭声,读懂哭声中的需求,并以孩子喜欢的方式给予满足。至今仍有些专家在育儿课堂宣讲婴儿哭泣时不要去抱他、哄他,让他哭,免得把他惯坏了,以后不好带。但更多的心理学专家和育婴专家批评这样的做法不利于培养妈妈和孩子的亲密关系,不利于培养孩子的安全感。心无旁骛地陪伴孩子,静心感受孩子的需要,全身心满足孩子的需要,是初为人母的妈妈最幸福的事情,也是建立良好亲子关系和培养孩子健全人格的开端。

如果孩子哭了,妈妈能第一时间知道孩子是饿了还是困了,或者太热了,抑或尿了,然后给予即时恰当的回应,便能很好地安抚孩子。比如,孩子哭了,妈妈听到哭声,看一下时间,马上意识到,孩子每天这个时间都会拉粑粑,就去查看尿布,擦便便,洗屁屁,换上柔软干净的尿布。妈妈这些温柔的充满爱的行为,会让孩子感觉到妈妈很爱我,我很被理解,我一哭妈妈就知道我的需求,就满足我的需求。这会让孩子产生"全能感"或者说"无所不能感",这是他今后心理状态良好发展的重要基础。认识了解这些不容易,不要说妈妈们,世界卫生组织也走了些弯路。20世纪90年代全国爱婴医院评审时,规定对婴儿4小时喂养一次,但现在的评审标准变成了按需哺乳。

孩子3~5岁开始有性别意识,并区分男孩、女孩。其实就是孩子长到一定的时候开始有自主意识,意识到自己的存在,自己与别人的不同,性别是一个重要标志。这个时期妈妈可以用动物的隐喻故事讲述男性女性的不同特质,进行一些性别教育,让孩子为自己身为男孩或女孩感到满足。孩子会表现出非常喜欢异

性父母的倾向，也许会讲"我长大了就是想与爸爸结婚，爸爸是世界上最好的人""我就是要一辈子与妈妈在一起生活，永不分离"。这时候父母相亲相爱，是这时期对孩子最好的教育。

幼儿期，孩子自我意识逐渐形成，"我好不好""我有没有价值"等观念开始萌芽。这些促进自我意识发展的问题，孩子都是通过父母的评价来获得答案。

有个案例：五岁多男孩，上幼儿园中班。幼儿园规定不准小朋友把教室里的书带回家，有一次男孩偷偷放了一本在内衣里带回家，还给妈妈说是好朋友送的。妈妈给他讲了半天道理，他承认自己拿了幼儿园的书，这样做不对，可没过几天又把那本书带回来了。有一次他问妈妈："妈妈，我长大了会不会是小偷？"他这样知错不改，妈妈该怎么办呢？

5岁的孩子处在价值的自我评价阶段，他们特别想知道自己是个什么样的人，尤其想从妈妈的口中得知自己是个什么样的人。

像这个案例，处理孩子的破坏行为，可以把握两个原则，一是要孩子自己承担责任：让他自己把书交还老师。告诉他，老师是不允许把书拿回家看的。二是允许孩子犯错，帮助孩子从错误中获益。我们都有这样的经验，童年犯的错误，往往会构成我们成年后最快乐最深刻的记忆。在这个过程中，要避免给孩子贴标签，不要让孩子觉得自己是"小偷"。对孩子的不当行为不做语言上的批评，但要表达妈妈的情绪："看到你这样做，妈妈心里很难过，妈妈很生气"。孩子改正以后，及时给予鼓励和表扬，以后不要旧事重提。

少年期（7～12岁），妈妈慢慢放手

随着成长，孩子渐渐有了自我意识，有了自己独特的情绪体验，对生活与行为方式有了自己的选择。孩子开始把眼光投向外部世界，步履维艰地走向社会，寻求与他人丰富的友情。在他看来，找他同龄的伙伴看起来要比亲情更重要一些。这是孩子社会化的必经之路。

这个时期，妈妈要协助孩子社会化，让早期建立的亲密关系慢慢疏离，慢慢放手，怀着期待与祝福，目送孩子慢慢走远。这时期如果不肯放手，一方面会减弱孩子社会化的动力，导致孩子不愿意主动去和其他同学交往，慢慢与同龄人疏远。另一方面过于紧密的母爱会成为孩子的负担，甚至成为他成长的绊脚石，限制孩子的社会化发展。于是，这时候过度的母爱会给孩子的成长带来烦恼。对这个时期的孩子，聪明理性的母亲要学会适度表达母爱，该多给毫不吝啬，该收敛的时候绝不滥用。给予孩子母爱，应该从衣食住行的关心转向对孩子的人际交往、人格的形成（理想、信念、人生观、价值观等）、情绪识别等方面。当孩子在外面受到欺负的时候，妈妈要给予安慰关心，当孩子需要独立空间的时候，就放心地给他。不要偷看孩子日记，不要对他的秘密刨根问底，父母的信任是孩子成长中最伟大的爱。因为孩子需要父母的信任，你的信任就是爱。孩子需要保留秘密的时候，尊重他的隐私权，这就是你给孩子的爱。渐渐长大的孩子对父母提出了更高的要求，我们要常常去观察，孩子需要什么，我们就给孩子他需要的，并且用孩子可以接受的方式的给他，而不是我能给他什么我就给他什么，我想怎么给予就用什么方式给予。

随着孩子长大，妈妈更需要狠狠心，在孩子还没不舍得离开你之前将他推向更远地方，让他能独自前行。现在的"啃老"现象错不仅仅在孩子，有多少妈妈是自己不能与孩子分离而制造了孩子不能独立的假象。

这个时期妈妈还要善于引导孩子识别、体验和管理自我情绪，培养高情商孩子。孩子在5岁以后就开始对自己情绪感到好奇了，家长要引导孩子阅读自己的情绪。告诉孩子，这是快乐，这是愤怒，这是自责，这是委屈，这是伤心……鼓励孩子体验这些情绪。父母要告诉孩子，情绪没有好坏之分，但是情绪需要管理。比如如何适当的释放或表达自己的情绪，如何选择释放情绪的环境，释放的程度和释放的时间。不要让孩子压抑情绪，或者因为家长不喜欢某种宣泄情绪的方式（比如大哭、撕扯东西、吵闹、怒目圆睁等），就不管孩子的感受如何大声责骂。

当然，在这个过程中，妈妈也需要不断体察和管理自己的情绪，以良好的情绪状态来跟孩子心平气和地相处。

为什么妈妈会愤怒？因为妈妈经常会有这种想法："我为你付出了这么多，你居然不懂得，不领情，不听话，所以我完全有理由愤怒。"其实你把愤怒发泄在孩子身上，大多时候孩子是无辜的，因为这些愤怒中，更多可能是你对丈夫不满，也有可能是你小时候没有得到父母足够的关爱。这时候最好的解决办法就是，减少自己的付出，以求心理平衡，因为孩子没有主动要求你付出，原本你自愿的付出，从内心里去期待得到孩子的回报，这对孩子是不公平的。你可以把精力多投入到自己的工作和生活中。

为什么妈妈会唠叨？妈妈唠叨的常见理由就是"我都说了这么多遍了，你还没听进去，所以我要唠叨。"其实，如果你说了很多遍，孩子还是没有听进去的话，那你需要反思，为什么会这样？是不是我讲话的方式有问题，或者讲话的时间没把握好，是不是我没有温柔地坚持我要求的东西？

如何才能让妈妈克服唠叨？

一是自我觉察。当某句话即将出口的时候，大脑审查一下，这句话我是否曾经多次重复说过，并且孩子从来没当回事。

二是自我修正。把语言的表达换成非语言的表达，眼神、表情、肢体动作，都可以替代唠叨。

三是自我坚持。如果你觉得自己多次提出来的某个规则是要求孩子必须要执行的，那就一定要坚持。聪明的孩子会不断触碰妈妈的底线，会不断与妈妈斗智斗勇，如果他一旦感觉到妈妈会退让，会妥协，他就会得寸进尺，拒绝执行妈妈的要求。

有些好习惯好品德的养成需要较长的过程，妈妈要有耐心，该唠叨的时候还是得唠叨，他今天可能没听进去，明天又说，后天也说，也许慢慢会把一些好的观念传递到孩子的大脑里储存起来，在未来的人生道路上说不定妈妈哪句唠叨的话就会成为孩子前行的明灯或动力。

青春期（11～16岁），妈妈别烦恼

有一个特别苦恼的母亲，她说最近自己的女儿出现了一种情况：疯狂的迷恋上了外国的偶像明星，受到韩国文化、日本文化的冲击，喜欢穿肥大的裤子，耳朵上扎了四五个眼。妈妈非常担心，说现在这些孩子的审美观也出现了问题，而且每次电视上出现明星的画面，她女儿就在家里尖叫，有时整天张嘴闭嘴都是明星，好像如果不说明星，和妈妈就没有话说。女孩在日记里也写上了自己如何喜欢某个偶像，如何痴迷。在妈妈看来，女儿简直就是得了精神病，成了一个"半疯"的人。

一般来说，青春期的孩子行为上不能自我节制，具有随意性。对一个孩子来说，追星是孩子少年期社会化的继续。青春期的孩子，把崇拜的对象从父母身上移开很重要。假设一个孩子总是崇拜父母或者认为父母是她的权威，那这孩子永远长不大。孩子十三四岁的时候，一般都会对父母的权威进行挑战。要进行挑战，就必然有一个力量来支撑他，不管这个力量是什么。以前这个力量可能是

"毛主席""雷锋""张海迪",现在可能是"周杰伦""李宇春"等娱乐圈的一些偶像。这些偶像实际上代表了社会的公众人物。我们要让孩子社会化,就要允许他接受代表社会潮流的事物,否则他就会因为远离社会群体而感到孤独,觉得自己是异类,不被人认可。因为青少年行为本身的随意性,有时可能会过火一点或者超常规一点,这都很正常。在成长的过程中,他会自己慢慢调整。

自我调整要由孩子自己来完成,并且这需要时间。妈妈可能希望孩子一夜之间就成熟,看着他走瞎路心里就着急,就一定要进行干涉。妈妈过于强烈的管控欲望和行为,可能会挫败孩子自主选择的积极性,因为孩子的每一个新行为,新选择,就意味着他对生活的探索和体验——生活的经验必须要来自他亲身经历的事情。这种激情会给孩子的成长带来很强的动力,让他觉得很快乐,很幸福,生活中阳光灿烂,生命有意义。如果你的孩子学习成绩很好,各方面都很出色,但是天天眉头紧锁,不快乐,恐怕你宁愿让孩子学习差点,但更快乐些。

妈妈如何面对青春期的孩子?

第一招:学会对孩子示弱。

妈妈要慢慢淡出自己在孩子心目中的权威地位。这个时期的孩子渴望要建立自己的权威和尊严,往往尝试攻击父母,他们会在和父母的对抗中获胜而建立自信。他们觉得,如果不挫败父母,我就长不大。于是,聪明的妈妈在与孩子对抗到一定程度就主动举手投降,用自己的"无知"来满足孩子成长的需要,相反固执的家长就会死守权威的地位,从而造成的后果是让孩子越战越勇,收不了场,关系弄得很僵。示弱就是要善于在孩子面前装傻,如果孩子游戏打得好,你就可以对他说,儿子,妈妈好笨啊,这种大众化的事情都不会做,你能不能教教妈妈?孩子一般会很高兴。当你慢慢表示出对游戏感兴趣的时候,孩子也许就会慢慢失去对游戏的兴趣。因为孩子玩游戏的潜在意义是想通过游戏找到一个和父母分离的空间,如果爸爸妈妈都来玩了,他就会不感兴趣了。当然严重依恋游戏的孩子除外。

第二招:对孩子好奇保持兴趣。

对孩子保持好奇和兴趣,就是对孩子的尊重和欣赏。不管是当领导还是当家长,如果整天都是价值判断,整天都是道德评价,整天都是好坏的区分,别人和你在一起会很不舒服。这个时候,妈妈不妨把自己的价值判断暂且隐藏起来,不要企图强加给孩子,而是给孩子一个彼此冲突、矛盾、多样化的价值混乱时期,让孩子在痛苦的抉择和挣扎中磨砺他的判断力和鉴别力。妈妈就坐观孩子自己选择的结果并淡定地欣赏。这个时候妈妈可以做什么？你要做的是提醒孩子，他内心如何看世界是他的权利，但是面对客观现实的时候要按照现实的规则办事。这样，孩子就可以在内心和现实这两个层面来接纳自己。成年人很多的心理痛苦正来自于搞不清内心和现实的边界在哪里。

第三招：不管孩子提出什么不合理，甚至荒谬的要求，不要马上驳斥他。

对孩子提出的不恰当要求，妈妈不要马上拒绝和反对。可以这样说，嗯，这个想法好像不错啊，很有意思，不过我能问一下你为什么会有这样的想法吗？能否告诉我你进一步的计划是什么？妈妈可以为你做些什么呢？因为很多青春期的孩子提出的一些不合理的过分要求，真正的目的不是要进行实践，就是通过这个方式获得跟爸爸妈妈交流的机会。也有些孩子是要试探父母的反应，是不是真的在意他，尊重他。于是，面对孩子的挑战，妈妈最大的智慧，就是要善于分辨各种稀奇古怪的要求，并采用合适的方式各个击破：对超出家长经济和心理承受能力的要求，拒绝；对于可以承受但不着急的要求，选择性延时满足；对于需要马上解决的事情，讲究效率，不要拖沓。

（3）做新时代的理性继母

现在离婚再婚现象比较普遍，由于各种原因成了非亲生孩子的妈妈，首先要尊重孩子，接受这个孩子可以叫自己"阿姨"，而不一定要叫"妈妈"。不去贬低孩子的亲生母亲，也不对他亲生父母的关系进行评价，同时尊重孩子在这个重组家庭中他跟爸爸的关系享有优先权。一些孩子会选择沉默或者做出破坏行为来表达自己对继母的抗议，这时候需要妈妈投入更多的精力关注孩子的心理和行为，多与孩子沟通和交流，对孩子提出的一些疑问作出正面的回答，不要故意闪烁其词。

在家庭里面，依然要以夫妻关系为核心。坚持做好一个妻子应该做的事，爱你的丈夫，因为有夫妻之爱，你终有一天会赢得孩子的爱和尊重，不可急于求成。

一直以来社会对继母持有偏见，所以有的女性一进入继母角色就有点紧张，生怕自己做不好，这就容易走两个极端。一个极端就是生怕说错话，生怕孩子会恨自己，所以什么也不说，做好人，纵容孩子，甚至不惜一切地讨好孩子，显得胆小怯懦。另一个极端就是理直气壮，我就是你妈妈，甚至可以比你亲妈妈做得更好，这样容易造成孩子的逆反和对抗。

前者过分的迁就和溺爱，会导致孩子抓住你的弱点，不断提出一些无理要求，助长其不良的习惯，不利于孩子健康成长。面对这种情况，要在心中确定一些边界,哪些是可以做的,哪些是不能做的。当孩子提出无理的要求时,要大胆地说"不",并且要告诉孩子你拒绝满足他这个要求的原因,同时争取爱人的理解和支持,态度要一致。如果孩子在你这儿得不到,就会从亲生父母那里去要求,当他亲生父母满足他之后,他会在心中种下怨恨的种子,也会定格"后妈"的不良形象。

后者不利于和孩子建立良好的关系。不要企图取代孩子的亲生父母,那种血亲的连接是任何外界条件都无法割舍的。在孩子心中保留他亲生妈妈的位置,对孩子的成长极其重要,为孩子多提供和亲生妈妈亲密的机会,让孩子真正健康成长。

父亲的角色有多重要?

妈妈与孩子的关系——特别是早期母婴关系——对孩子成长的重要意义,怎么形容都不为过,正因为这样重要的影响,孩子长大以后大部分表面跟妈妈更亲,回到家第一句话会说"我妈呢",打电话会说"让我妈接"。相对地,父亲的形象在家是沉默、内敛、隐忍、不善情感表达的。于是父亲这个角色的作用,就有点含糊,有时候,爸爸好像是隐形的,甚至是可有可无的。但是在家庭需要坚强力量时,父亲会出来吼一嗓子,往往是这一嗓子,掷地有声,对孩子的生命有重要影响,当然他的重要性并不仅仅只在一嗓子。近些年,父亲的死亡、残疾、非婚内生育、离婚、家庭不和、两地分居、被监禁以及父亲无暇顾及孩子或与孩子关系疏远等问题突显,"父亲角色缺失"给孩子成长造成无法弥补的损失,让我们来看看父亲角色是如何重要。

(1)父亲保证着家庭安全

一个家庭决定要孩子的首要条件是,是否有能力养活孩子,而养家糊口的责任在传统文化里是由父亲主要承担的。孩子刚出生时,母亲和孩子几乎处于一种共生状态,照顾宝宝的任务看起来主要由是母亲完成,但正是父亲提供了让母亲感到满足和快乐的条件,让母亲保持愉悦的心情和足够的体能,才能专注地照看孩子。产后抑郁的母亲是没有能力照顾孩子的。孩子逐渐长大后,从母亲的怀抱中探身出来,发现这个世界上除了母亲之外,还有另一个不一样的人,于是开始了新的认同和依恋。在爸爸的怀抱里，孩子的世界变得更大、更好玩："上房揭瓦，下田摸虾"的乐趣和安全，是非父亲角色所能成的。不同年代，不同的文化背景，对父亲的安全保护作用，孩子可能会有不同的诠释：父亲身体强壮，力气大；能持续稳定地提供经济来源；父亲事业有成；父亲自己受到别人的尊重，有威严等都在某种程度上保证着家庭免受天灾人祸的侵扰。

（2）父亲的陪伴作用

湖南卫视的《爸爸去哪儿》节目之所以能感动很多人，或许正是顺应了当前人们的心理需求，孩子渴望爸爸陪伴，妈妈渴望爸爸介入到孩子的教育中来，爸爸也有压制不住的父爱要对孩子表达。

孩子小的时候，父亲要保持"在家"的状态。"在家"不仅仅是指人在，更重要的是他的"魂"要在，确切地说，就是要和孩子及孩子妈妈建立亲密的关系。特别地，爸爸和妈妈的关系尤其重要。我们熟知的一句话是"好的夫妻关系是父母所能给予孩子的最重要礼物"。孩子从很小的时候就能非常敏感地体验到父母关系是和谐的还是冲突的，并且在身体和心灵两个方面对此做出反应。可以肯定的是，如果家庭幸福和美，最先感受到的一定是孩子，他也因此感到愉悦。这样的孩子更容易养育。

很多父亲会说，我工作那么多，那么忙，会为陪伴时间太少而内疚自责，以下提供几种不同的陪伴方式给父亲们。

倾心陪伴。有的父亲很难增加陪伴孩子的时间，但是可以做到尽力提高陪伴孩子的质量，那就是在有限的时间里，做到两个字"倾心"。所谓倾心，就是要在陪伴孩子的时候全身心投入、全神贯注在一起，心无旁骛只跟孩子互动。

有一次给小学生上心理健康课，老师问孩子们这段时间觉得最开心的事情是什么？有个孩子把手举得高高的，被老师点名站起来之后说，他最开心的事情就是跟父亲一起吃饭。老师问他，为什么呢？他说，父亲开了一家公司，经常要陪其他人吃饭，很难在家吃一顿晚餐。只要父亲在家吃晚餐的时候，家里就餐的氛围就特别好。因为父亲不会指责他吃饭发出了声音，不会指责他在盘子里乱翻，父亲还很幽默，经常把出差时看到的趣闻说给大家听，所以父亲在家吃饭就很开心。

父亲陪孩子吃饭，这在普通家庭看来最平常的事情，在某些家庭中就成了"奢侈品"。孩子们的需求并不过分，但是如果这些很小的要求总是得不到满足,将会对孩子形成累积性的伤害,到某个时候,孩子可能会变本加厉地索取。

见缝插针的陪伴。工作忙的父亲,要多制造跟孩子说话交流的机会。吃饭的时候共享美食,早上起床的时候相互问候,晚上临睡前聊天讲故事互道晚安,跟孩子一起看书、看电视、打游戏等。只要有心,总能找到时机去亲近孩子,走进孩子的世界。在跟孩子在一起的那一刻,请你的眼中只装着孩子。

关键时刻的陪伴。如果见缝插针的机会依然很少,那就一定要在某些关键时刻陪伴孩子,比如参加家长会、出席孩子的重要活动,以及孩子非常看重并多次要求父亲参加的其他活动,请父亲一定不要忽视孩子的请求。

遥控陪伴。经常出差的爸爸要养成遥控陪伴的习惯。人不在孩子身边,关心、问候不间断,爱的表达不间断。现代化的通信手段可以很好地帮助爸爸完成遥控陪伴,电话、短信、邮件、视频、图片,随时让孩子知道爸爸正在等候飞机,爸爸已经入住酒店,爸爸今天上午都会在开会,这样孩子就耐心等待爸爸会议结束后打电话过来,等等。总之,让爸爸在孩子的视野之内,给孩子安全感,当然,也是让孩子的妈妈放心,有利于家庭和谐。

精神陪伴。对于长期不在家的爸爸,要让孩子感觉到父亲在精神上在陪伴自己。如经常给孩子送礼物,让礼物代表父亲的关注和陪伴。父亲送的礼物最好是孩子喜欢的,渴望得到的,经常可以用到的。孩子在看到或使用这些礼物的时候,就能感觉到父亲的爱和温暖,就会觉得好像爸爸就在身边。

有个来访者告诉我,在那个物质贫乏的年代,她长年在外地工作的父亲有一次送给她一个会发出声音的质量很好的橡皮娃娃,那绝对是当时最奢侈的玩具,她一直带在身边,那个玩具除了赢得了同学许多羡慕的眼光,帮助她收获了友谊。对她影响最大的是从此后,当看到别的同学有父亲接送,自己再也不会难受了,她手握着那个娃娃,对自己说,我一点都不孤单,父亲就在这里陪着我呢!

妈妈也要多在言语中善意提到爸爸,让孩子感觉爸爸仿佛随时都在身边,时刻都在爱着自己。农村众多留守儿童的父母,应该在遥控陪伴和精神陪伴方面多费心,多关注孩子的内心需求,多与孩子进行情感的交流。

父亲陪伴的过程中,有了良好的亲子关系,才有机会教育和引导孩子。陪伴过程中,父亲的价值观、处事方式、情绪控制能力等都会潜移默化地影响孩子,只有多陪伴才有机会示范和引导。

（3）父亲帮助孩子建立规则和秩序感

如今的孩子在年幼的时候几乎就在"女儿国"中长大，妈妈、外婆、奶奶、保姆、幼儿园阿姨、小学的女老师，这些女性角色给予孩子很多柔性的爱和包容，甚至没有原则、没有边界的溺爱。比如我们通过观察发现，孩子以哭闹的方式非要买什么玩具，往往是对女性长辈的要挟和控制。因为他们非常清楚，这样的招数在爸爸面前基本没用，在多例的家庭治疗中，出现母亲不断抱怨孩子的行为不受控制时，父亲会说跟我在一起不是这样的或者不完全是这样的。

男人是相对理性的，世界的规则也大部分由男人制定。父亲在孩子的眼里是强有力的，是权威。孩子在建立规则，养成良好习惯过程中，总是反复、反叛的。母亲比较感性，对于让孩子接受严格的规范管理往往有些心疼而不能很好达成，在教授规矩的时候有威严感的父亲来教导，往往有意想不到的效果。这样母亲就不需要在孩子面前既扮演慈爱的白脸又扮演严肃的黑脸，相应地，也不用承受过多来自孩子的攻击。这样，母亲的担子就显得轻松了许多。在建立规则和秩序的过程中有父亲的加入，更有利于孩子的社会化。因为孩子成年以后，往往会把他与父亲互动的模式迁移到领导和相关的权威人士身上。如果父亲与孩子的关系相处得好，孩子长大后就知道如何与权威打交道，知道如何服从、执行同时又保持恰当的边界。

（4）父亲的性别引领功能

爸爸带着孩子去打球、跑步、游泳，玩一些比较有挑战的游戏，对女孩而言，会扩展更宽的活动范围，习得一些男性的品质，比如坚强的毅力、克服困难的勇气等。这些经历，对女孩的身心成长注入更健康的元素。在爸爸带领下多运动多做游戏的男孩，会慢慢感觉到男女性别的差异，包括衣着、如厕、说话等很多细节，而且会清晰地辨别出，自己的言行是应该像爸爸一样的，自己应该像爸爸一样具有拼搏精神，像爸爸一样勇敢和坚强，像爸爸一样有号召力。爸爸这种潜移默化的影响，胜过妈妈万语千言的说教。

特别孩子成长到5岁左右，男孩希望取代父亲更亲近母亲，女孩则希望取代母亲更亲近父亲，这种感觉对性别认同和人格成长有重要意义。女孩只有在父亲面前确认了自己的性别，并且依恋父亲，在父亲眼里看到一个自己作为女孩被爱。这样对于她的女性身份才能很好的认同。男孩在这过程试图与妈妈更亲近时，父亲会保持其与母亲的亲密关系，以自己的行为告诉儿子，妈妈和爸爸才是夫妻关系，让儿子与母亲保持着健康的界限，让他具有成家以后保持着爱他爱人的能力，而不至于与母亲的链接太深，终身只爱母亲一个女人，让婆媳之战永不停息。同样的道理，男孩小时候要接近母亲取代父亲，把父亲当作竞争对手，这个过程对男孩来说也至关重要：他既要与父亲竞争同时又要向父亲学习。与父亲竞争的目的是为了赢得母亲，这是男孩日后参与社会竞争的雏形，这种竞争的升华是日后取得工作成就的重要动力。

（5）父亲对孩子传递着家族价值观

"我吃过的盐比你吃过的饭多，我走过的桥比你走过的路多，这件事你要听听我的意见。"父亲会运用自己的经验来教育孩子。父亲通过回忆、讲故事的方式，会向孩子谈到孩子爷爷、爷爷的爷爷的那些事，这个过程有经验有教训，有祖训，向孩子灌输家族的核心价值观，比如为人要厚道，做人要诚实、善良、能吃苦，不要浮夸等不一而足。孩子接收这些信息后根据社会的发展整合出自己的价值观。

总之，父亲和孩子的关系是独特的依恋关系，是孩子生命中最重要和最有影响力的关系之一。这种特殊的关系能够塑造孩子的成长，影响他们的观点，能帮助孩子从心理上与母亲分离，教会他们控制自己的情绪，学习各种规范和规则，培养出独特个性品质的孩子。

冷漠型夫妻关系对孩子有什么影响？

"你说说我们家怎么了，我老公是博士，一大公司副总，我是硕士毕业，公务员，我是单位公选的最年轻的副处级。我们都很忙，但我俩也很重视教育，经常给孩子讲做人的道理，但孩子在家却很少说话，最近还总发脾气摔东西，在学校却动不动就与人争吵，有时甚至发生肢体冲突，这哪像我们生的孩子哟？"妈妈在一旁边流泪边数落孩子。爸爸对孩子怒目相向，11岁的晓军面无表情，坐在离父母很远的沙发一角，眼睛望向天花板，好像这里发生的事情都与他无关。

在随后的治疗中了解到，这对夫妻彼此非常独立，家庭财务管理实行AA制，两人都自觉履行自己的义务，在家没有太多交流，孩子的事情都由阿姨打理。孩子这样描述："从小到大，家里都是冷冰冰的，爸爸和妈妈之间永远是很客气的样子，我从来不敢在他们面前胡闹。过去许多次我在学校得奖了，飞奔回来想让爸爸妈妈分享，但经常都不能如愿，或者他们很晚很晚才回家，等到我都睡着了还没回来，或者他们只会说不要骄傲，赶紧写作业去。小时候有许多话想说，但感觉说出来的话好像对着空气一样，没人真正理解我和在乎我。慢慢我觉得周围的人都不能理解我，一点小事就会惹得我发火，并很难控制自己。"

许多家庭都以孩子的问题作为首要问题进行心理咨询，而回避夫妻关系问题，通常在好几次咨询工作以后才会浮出更真实，也是更严重的问题。晓军的父母关系长期的冷漠，其实俩人都对这段关系不满意，但他们认为他们所受的教育和现在的社会地位都不允许他们争吵。因为他们都不想离婚，于是选择这样生活下去。他们以为他们在孩子面前从来没有显示过他们的不满意，甚至从未当着孩子的面吵架，俩人对孩子都是很爱的，也没有让孩子受到伤害，谁知道伤害在不知不觉中就加给了孩子。

孩子小时候透过爱抚、拥抱、摇动，很容易体会到被爱。但在长大的过程中，孩子有自己的意见与看法，有自己的朋友与世界，有自己的喜好与语言。这时候嘘寒问暖，也能让他们体会父母爱他们。但是能让他们体会到父母无条件的爱，就需要聆听他们，使他们感受到被了解、被接纳，青少年尤其需要被聆听、被了解。因为在朋友中，他们受到许多同行的压力，但却无处表达、申述。另一方面，由于激素分泌的影响，情绪相当不稳定，若父母能了解他们，一定对他们有很多的帮助。

这种持久冷漠的婚姻，因缺乏聆听和表达爱，导致对孩子的养育质量破坏，包括纪律、亲子关系和情感反应。首先，孩子在这种冷漠的家庭中感觉冷冰冰的，少有温暖、朝气的感觉，这种感觉如果持续时间长，就会发展为即使别人发出善意和温暖，他也反应迟缓，感觉不到。孩子还可能对别人少有的暖意呈现反应过激，过度感恩而付出更多。这些会在孩子成人后的婚恋中遇到困难，不容易分辨出真正相爱是怎么回事。其次，由于妈妈对的孩子缺乏温暖和缺少感情，孩子会更多拒绝和反复无常，纪律上更苛刻，容易诱发焦虑和内疚，孩子会以为是自己不够好。爸爸显示出对儿子更低的支持度，教育不民主，孩子在家里没有更多的话语权，没有体验到与父亲平等对话的可能性，在与同学老师的交往中很难大胆地表达自己。夫妻不和，处于敌对状态的父母在育儿方法上往往存在诸多矛盾，这可能导致孩子处于混乱状态，不知听从谁的指令，容易形成矛盾的人格特征，并导致他们更加自责、羞愧和卷入被冷漠对待的担心中，孩子出现的焦虑越严重，攻击性越强。

孩子由于没有太多的机会与爸爸妈妈接触，会产生强烈的不安全感。由于在情感上被忽略，孩子会倾向于用各种问题行为来引起爸爸妈妈的关注，如生病，攻击他人或伤害自己，或其他一些奇怪的行为。

指责型夫妻关系对孩子有什么影响？

"他俩天天争吵不休，我只能躲到外面去。"网络成瘾不愿上学的郭磊（化名）这样说。别家的孩子都在学校读书奋斗的大好时光里，15岁的郭磊却整天泡在网吧里。两年多了，父母对他围追堵截，斗智斗勇，使出浑身解数却无力改变孩子不想上学只想泡在网吧玩游戏的现状。

"现在才想起来管我，早干吗去了？从我记事以后，他俩天天争吵，摔东西。我有时想，不如他们没生我还好，或者我死了就清静了"，但本性善良的郭磊无数次想到死亡后父母可能会太伤心了，最后选择待在网吧，至少自己为了父母还活着，还能从网络中感觉到活着还有一点点事情做。

在指责型夫妻关系的家庭，家庭气氛难以融洽。夫妻经常对对方表示不满，并且以指责、争吵的方式沟通，重则摔砸东西，甚至撕扯扭打，通常无法向对方做出丰富的情感表达。对孩子的教育管理策略不能一致，一个指东，另一个则指西。夫妻争吵时，对孩子不管不问。甚至在自己怄气时，有时还拿孩子当出气筒，恶言训斥，甚至体罚。经常面对父母这些负性行为方式，很有可能影响孩子的人格健全发展。如个案里的郭磊，他会在父母长期的争吵中问自己"是不是我的错？是不是没生我他们就会好些？我存在的价值在哪里？"这些内心冲突得不到解决，孩子就会内心无法安定，不愿意上学或网络成瘾等。同时孩子还可能出现高度的利己主义，自私，自尊心极强又缺乏责任感，对人情感肤浅甚至冷酷无情，且缺乏羞耻心与真正的后悔，好争辩与诡辩，毫无根据地提防与怀疑别人，且常社交困难而迁怒于别人，懒惰、犹豫不决和喜欢按部就班。

在充满争吵的家庭中，子女易表现出多动、厌学、吵架、攻击、违纪等行为，这是他们感受到双亲间的紧张气氛而付诸此行为，以使父母共同解决他的反常行为，从而希望能回到同一阵线上来。如果夫妻婚姻冲突激烈、公开且与子女有关时，孩子更容易出现问题行为，常不合群，表现冷淡，少说话，反应迟钝，恐惧、胆怯、怕黑暗、怕空旷、怕见生人、怕独处一室，易出现失眠、梦魇、易哭、懦弱和缺乏自信。

指责型夫妻关系的家庭，因为父母不能承担自己作为成人的责任，当丈夫或者妻子的角色遭遇人际冲突时，运用不成熟和简单的应对模式。所以他们的明显特征是就诊初期拿孩子的问题行为说事，极少承认他们大人的关系问题。

还有重要的一点是指责型夫妻家庭不能满足孩子娱乐的需求。每个人都需要娱乐，听音乐、玩游戏、游泳、看电影、聊天等，这些都没有任何功利目的，只是轻松自在而已。如果一个家庭没有娱乐活动，将严重阻止孩子的心情放松和得到平衡的发展。一个再成功的人，若没有休闲的时间放松自己，也容易产生抑郁情绪。世界的狂欢会有奥运会、世界杯足球赛等，就算发生战争的国家此时此刻也会不计前嫌，参加地球人的狂欢节。如果每对夫妻都不将争吵作为家庭主要的"娱乐活动"，而有创意地发展出更多的让人放松愉悦的娱乐活动，也许我们的孩子也将更有创意和灵动性。

吞噬型夫妻关系对孩子产生什么影响？

"他爸爸总不回家，我就指望他了，让他从小过着衣来伸手、饭来张口的生活。家里只要有利于他学习能力提高的书和学习工具应有尽有，补习班花了多少钱呀！但就是成绩差，还说不得，一说就像女孩子一样动不动就哭。"妈妈这样说情绪低落、成绩差的汪昆。"求你了，别对我这么好行吗，我也不用回报你们要好好学习了"10岁的汪昆（化名）说出这话时已是泪流满面了。这孩子很瘦弱，妈妈也哭得很伤心。

原来妈妈对夫妻关系持有的观点是，既然结婚了，老公就是自己的，钱是自己的，人也是自己的，所以对老公的一言一行都特别关注。偏巧老公又是一个性格外向的人，由于工作需要也要与许多异性打交道，由一开始的不信任、争吵，妈妈无休无止的哭泣，跟踪盯梢，到爸爸无可奈何之下申请调到外地工作，现在很少回家。爸爸很少回家，妈妈的精力更多地用到孩子身上，生活起居事无巨细地照顾，每天打电话给老师了解学习情况，陪着孩子上各种兴趣班，但是孩子学习成绩总上不去，孩子也提不起精神。

吞噬型夫妻关系是指边界不清，一方过度控制另一方，或双方相互过度控制，像要把对方吞噬了一样，还常常是掩盖在"我这是对你好的"假象。通常我们会看到一方对另一方好得一塌糊涂，很恩爱，长期讨好对方，但同时对你的要求会让你感到窒息。如果有一些冲突性事件发生，这样的关系会迅速崩溃。受不住控制的一方会逃跑或在家里"被边缘化"，也可能会以沉默表示抗议。

主要原因是父母的人格在发育过程中分化程度低，没有安全感和可控感，需要过度控制别人以确定自己的存在感。

上面的个案汪昆妈妈吞噬式的人格特征用在爸爸身上时，因为是成人，可以想办法表达，表达无效选择逃跑。但用在孩子身上时，孩子无法用言语来表达。就像一棵小树苗被一根藤缠住了，藤对树说："我对你很好，我是来帮助你的，我甚至可以用我的生命来帮助你"，如果藤对小树的好是缠得越来越紧来表现，可想而知，小树的结局是什么？

每一个个体都有独立自主的需求。一个人一生有两个独立期，一个是发生在二岁，一个则是发生在十二三岁。若是这两个时期的发展受到阻碍，则影响到其一生。这两个时期对父母、对子女都是最困难的时期，孩子要开始走出父母的安全保护，向外独立去探索，这不是件容易的事。而父母开始体会到孩子渐渐远离自己，也会感到不适应。这个时候父母要有更大的耐心与雅量，要允许他们走出家庭与依赖的小世界，并能随时在旁随时给予关怀、支持与鼓励。这个独立自主的需要是非常重要的。如果一个孩子在这两个阶段不受鼓励与支持，他的自我感就会发生混淆、困扰，甚至薄弱的现象。当他成长之后，就会有做决定的困难，很难信赖自己与别人，常常要依别人的意见看法来行事，自己很怕有独立不同的看法。

同时每个孩子都需要"成就"一些事情，然后自信心、自尊心才会建立起来。小孩子尤其需要被鼓励与诱导，自己独立完成某些事情。这个成就的需求与独立自主的需求有很大的相关性。在心理分析学派的理论上，3~6岁这个阶段是培养一个人成就、自信的关键时期。这个时期"放手"就是最好的教育。吞噬型夫妻关系的家庭里，一定至少有一个家长是不会放手让孩子做自己的事情，他们怕孩子失败。事实上，更多的是怕孩子会做了自己就没什么作用了，而在潜意识里不放手。比如说前面提到的"汪昆"式全职妈妈，为孩子的成长非常焦虑，我问得最多的一句话是"如果孩子某一天所有症状完全消失了，不再需要你去管了，你会做什么呢？"她们通常给出这样的答案，①没想过，这些年好像就习惯为孩子的事操心了。明白了吧？"习惯操心"，而不是需要她操心。②如果孩子不需要我管了，整天在家无所事事，担心老公或别人会怎么看待。听到没有，管孩子是要证明"自己有事可做"。③没孩子管了，可能不得不去上班了，但曾经有过上班的经历，那并非是自己最想选择的路。

　　由于个人的原因，选择为孩子的事过度呕心沥血而致孩子发展出现问题并非罕见个案。也许全职妈妈能像美国妈妈一样，到了退休年龄一样可能有退休金，就会觉得自己做全职妈妈是很光荣的职业，不需要通过附着在别人身上来证明自己的价值，安心、平和、恬淡地做妈妈的本分就好了。

离异家庭对孩子产生什么影响？

　　珠儿（化名），6岁女孩子，近一年来反复说肚子疼，有时疼得冒汗、床上打滚，跑遍全市各大医院儿科、内科，做尽各种医学检查，结果都是未见异常，除了这个麻烦以外，珠儿没有肚子疼时，唱歌、跳舞、绘画都很出色，还是幼儿园很出名的小主持人。咨询过程中看到爸爸妈妈对孩子的情况都很了解，非常疼爱孩子，有很恰当的抚慰，观察并未发现父母有不当对待孩子之处。后来妈妈主动提出让孩子出去玩一下，说出了隐情：原来，孩子3岁时夫妻已经离婚，但由于各种原因并未告诉孩子实情。由于怕孩子发现，爸爸每周都会回来住两天，表面还是一家人。但一年前爸爸重新组成了新家，并生了一个弟弟，回来得少了，爸爸告诉孩子经常要出差好长时间才能回来一次。这期间，有一次珠儿说肚子疼。已是深夜了，妈妈在送她去医院的路上给爸爸打了一个电话，那晚爸爸赶来陪着珠儿打吊针，待了一晚上，第二天就好了，高高兴兴上学去了，爸爸也又"出差"去了。从此珠儿便时不时的"肚子疼"，爸爸也会及时"出差"归来，后来发展到严重地影响到珠儿的学习进度和爸爸新家庭的关系。

离异家庭对孩子成长的影响分两个阶段，一是离婚前，二是离婚后。有许多父母是在离婚后才发觉孩子的异常行为的，所以将问题归结于离婚行为导致的结果。我认为这样的夫妻关系，如果不改善也不离婚，对孩子的不良影响并无明显差别。通常从夫妻关系亮起红灯时，对孩子的不良影响就开始了，只是早期时父母对自己的事都自顾不暇，等处理完自己的事才有精力顾及孩子。当然我们也看到许多的父母在离婚前很慎重地处理孩子的问题，但优先处理自己生活中的危机事件时对孩子的关注程度肯定会发生变化的。

幼年时父母婚姻关系痛苦和婚姻破裂，会增加孩子青春期焦虑抑郁症状的危险，这样的孩子常常诉说身体上的某些不适。如有的孩子经常用说头痛头昏；有的用手捂着胸，说呼吸困难；有的孩子有慢性腹泻；有的孩子过度进食致肥胖或过度节食消瘦；有的孩子在童年时对父母的管教言听计从，到了青春期不但不跟父母沟通交流，反而处处与父母闹对立，一般表现为不整理自己的房间，做事拖拉，不完成作业等。较严重的表现为逃学，夜不归宿，离家出走，跟父母翻过去的旧账；容易出现负面情绪，经常用负性思想考虑问题。上面提到的这个个案就是珠儿用肚子疼的症状绑架了父亲的"回家"，但这是她潜意识行为，而不是意识行为，肚子疼的痛苦也是真切的感觉而不是她瞎编出来的。

婚姻关系还存在代际传递性，父母婚姻不和会影响到子女婚恋的质量。由于从小目睹父母之间的婚姻矛盾，对婚姻不是很有信心，容易产生恐婚现象，喜欢孑然一身。在恋爱过程中，依赖对方也猜疑对方，预期到对方会抛弃自己，容易冲动，控制不住自己的愤怒情绪，常常因为敏感多疑而经常分分合合，让双方受到伤害。结婚后，不懂得尊重和体贴，容易与配偶发生矛盾。还有一种情况是因担心离婚而出现前文所述之吞噬型夫妻关系等。

与其说离婚对孩子影响很大，不如说父母如何去解释离婚对孩子的影响更大，父母自己在内心里对离婚的感受、观点对孩子心理发展起关键作用。如果父母都能真诚地面对两人关系中出现了问题，特别是面对属于自己那部分责任，两个人都为婚姻的持续做不懈的努力，两人在离婚后都为对方曾经的付出怀着感恩的心，特别常常与孩子分享一家三口曾有过的美好回忆，由衷地赞赏对方离婚后坚持着关心重视孩子的成长，如何深深地爱着自己的孩子，这份爱甚至比没有离婚时来得更加珍贵。可以想象当孩子收到这些信息的时候，会如何看待自己与家人，自己与世界的关系呢？

如何改变夫妻关系？

夫妻关系对孩子产生的不良影响可以从改善家庭关系、夫妻关系及亲子关系等方面着手。

（1）改善家庭关系

家庭关系又称家庭人际关系，是一个人最基本的社会关系，如夫妻关系、亲子关系、兄弟姐妹关系、婆媳关系、妯娌关系、祖孙关系等。家庭关系和谐与否，对于每一个家庭成员身心都有重大的影响。

从教育入手：建立和谐家庭关系从根本上来讲，家庭伦理道德，不仅是基础文明教育的内容，也应该作为健康教育的一项重要内容。这方面的重点应是教育家庭成员树立家庭角色意识，承担家庭角色的责任和义务。每一个人都应该从各种渠道多方面学习、实践。

注重家庭成员的情感交流：现代人的工作和生活节奏加快了，但不应将家庭作为餐厅和旅店而忽视夫妻之间、父母之间与子女之间的情感交流。应妥善安排工作和学习，积极地投入到家庭生活中去，如工作之余一起做家务，一起走访亲朋好友，一起旅游等。

注意心理相容，心理互补，提倡换位思考：一个人在工作、学习和生活中既有成功，也有失败。在顺境和逆境中人们的心理状态必然不同。每个人的性格、爱好、生活方式亦各有不同，家庭生活也要求同存异。因此心理相容、心理互补十分重要。在遭到挫折和失败时，家庭要加以安慰，帮助分析情况，找出原因，给予鼓励。当家庭成员出现失误和偏差时，要给予信任和支持。成功的时候除了共享欢乐之外，还要提醒不足，保持冷静和理智。家庭出现矛盾时，勤用换位思考，多站在对方的角度去看问题，努力调整改变自己的心态及做法。如此，许多矛盾就会迎刃而解，甚至根本就不会产生。一个人如能生活在和谐、轻松欢快的家庭氛围之中，将增进身心健康，延年益寿。

（2）改善夫妻关系

婚姻状况对家庭每一个成员的心理、生理健康都有不可忽视的影响。因此，每一对父母都应该善待自己的婚姻。必须认识到婚姻是需要经营的，同时也是互助的，要学会改善婚姻质量，促进彼此的夫妻关系，避免不必要的离婚。改善夫妻关系的原则主要是促进沟通，平衡关系，恢复感情，建市新的适应模式。其中，恢复夫妻感情是中心环节。因为在夫妻关系中，如果没有感情，就没有道理可讲。

夫妻间相互尊重和尊敬：夫妻关系要建立在平等的基础上。任何一方都不要把自己凌驾于对方之上。男人头脑里不要有大男子主义思想，总认为自己是一家之主，什么事都是自己说了算，不顾及妻子的感受。女人尽量避免做"河东狮"，管丈夫像管孩子，限制丈夫的自由，当着同事的面，教训丈夫，或者殴打丈夫。夫妻在外维护各自的自尊心，可以避免因面子原因引起的矛盾。

夫妻之间相互理解：夫妻作为一家人，目标是一样的，就是共同努力，营造一个温馨的安乐窝。男人想得更多的是怎样拼命赚钱，让自己老婆孩子物质生活更优裕。他会把更多的精力放在工作上，没多少时间顾及家庭。作为妻子，要理解丈夫，当丈夫拖着疲惫的身躯回家时，为他泡杯茶，说些中听的话。妻子既要工作，又要带孩子、忙家务，也很辛苦，丈夫要学会体贴妻子。在忙于工作的过程中抽出时间陪陪妻子，因为女人除了需要物质享受外，还需要精神上的抚慰，不要忽视妻子的感受。夫妻双方都要在自己气恼、愤怒、受刺激、神经过敏等情况下要克制和冷静。

夫妻之间学会相互欣赏：夫妻间不要老盯着对方的缺点，要学会欣赏他的优点，不时地给予赞美。比如，妻子辛辛苦苦烧了一桌子菜，丈夫要带着欣赏、赞美、感激的态度去享受，可以不失时机地说："老婆的手艺就是好，烧出的菜就是好吃。"妻子会很受用的，做事的积极性会更高。人都喜欢赞美的，哪怕是成人。

夫妻之间学会宽容："金无足赤，人无完人"，是人都会有缺点。既然接受了他，就要接受他的所有，包括缺点。要有容人之量，当对方有错时，不要得理不饶人，不要咄咄逼人，揪住对方的缺点不放，可以在大家态度都比较平和时好好和他交流，在恰当的时机，指出对方的失误。这样对方比较容易接受。夫妻双方都要多注意点，尽量检点自己的行为，不要过多注意对方的错误与过失，过于纠缠往事。用玩笑、幽默及一切诱导方式解除或缓和双方不断增加的心理紧张度，用一些轻松的话题缓和冲突。

夫妻之间相互信任：信任是维护夫妻关系的最基本要素，不要老怀疑对方对自己不忠，避免以此折磨自己并使对方痛苦。当婚姻中出现离婚危机的时候，不能把离婚的责任全部推给对方，从而仇视对方。

若夫妻间矛盾难以通过自身方法进行解决，可借助心理治疗，如婚姻治疗技术等进行干预。

改观重解："横看成岭侧成峰"，从积极的角度看问题，改变夫妻间的认知从而使问题得以解决。

亲热举动：对于交恶的夫妻双方，择机做些亲热的举动，从而唤起以往的亲密关系。

自改在先：夫妻双方检讨自己并主动改正缺点，换取对方的妥协，从而拉近彼此关系。

调整角色：当发现夫妻角色混乱，通过角色扮演的方法重新调整关系，理顺角色。

彼此妥协：夫妻成长背景不同，世界观、价值观存在差异，彼此妥协是夫妻共处的人生艺术。

（3）改善亲子关系

促进沟通：当夫妻发生矛盾时，根据儿童不同的年龄段对其进行沟通。面对年幼的子女，父母应尽量避免当面发生冲突，尽快解决彼此的问题。面对年长的孩子，全家可一起分析父母之间的矛盾，并共同寻找解决办法，让孩子明白每个人之间都是可能存在矛盾，但有矛盾不一定代表不好，同时帮助孩子一起学习如何处理矛盾，让孩子明白父母永远都是爱他的。家庭成员间有不同的看法和做法，敢于尝试，敢于认错，不要坚持别人要与自己有同样的看法，找出其中正面的意义作出肯定，鼓励孩子多思考不同的可能性，接受别人的错误，以身作则。

尊重孩子：孩子是独立的个体，不要用爱压抑孩子，适度放手让孩子做自己喜欢做的事情。尊重孩子独立的地理和心理空间。对于孩子的生活，不再管得过于严厉，能够适度让孩子自己安排自己的生活，如安排自己的房间，安排自己的学习进程，决定和哪些小朋友交朋友，节假日的出游安排等。

共同分享：乐于与孩子分享，无论是乐趣或悲愁。不要只说欢乐的事，也讨论不愉快、伤心的事。关怀孩子的感受，与孩子共苦乐。在孩子面前，家长不必永远正确、成功、愉快，不要害怕对孩子承认错误。面对孩子，家长不必隐藏内心的情绪，也不用担心孩子会因此变得脆弱。共同分享苦乐，让孩子明白每个人都是有喜怒哀乐。在分享过程中，体会各种情绪以及学习处理喜怒哀乐的方法。

欣赏和支持孩子：孩子希望别人对他们和蔼、友善，做得好的时候希望有人赞赏，在做得不好时希望有人谅解和鼓励。当感到悲痛、烦恼、颓丧的时候，孩子希望有人给予支持、安慰。所以家长在日常生活中多欣赏和支持孩子，可以让孩子更容易信赖家长，遇到麻烦时，会想到还有父母一直在鼓励和支持着自己，能够大胆无畏地探索和前进。

（4）改善孩子的行为及情绪

若孩子存在情绪及行为障碍时，需及时求诊于专科医生。在专科医生的指导下进行药物治疗，同时辅助以心理治疗和心理疏导。另外，需从小培育孩子，帮助孩子一起成长。

培养与人沟通的能力：孩子缺乏自信，感到自卑，不敢与人交往。此时，父母应多鼓励孩子主动与人交往，主动结交朋友。在孩子与人交往中，出现害怕、退缩等行为时，可以不断地给他鼓励和引导，重复多次后，孩子即可慢慢地轻松面对陌生人了。沟通能力的培养，对孩子的成长是极其重要的。

团体合作的能力：现在独生子女很多，成长的环境使他们缺乏同他人合作的能力。让孩子参加团体游戏，有的孩子因为在游戏中输了，就互相指责和埋怨，这样反而令团队输得更厉害。有的孩子只顾自己，不理会其他队员是否配合，这样也会使整个团队失败。在这个过程当中，孩子体会到要想整个团队赢，必须要有一个简单的策略，而且每个队员都要明白这个策略。孩子学会了团队要有一个领袖，负责指挥，分工合作，要照顾到弱小的队员，帮助弱小队员提升，才是最快使全队胜利的方法。

认识和处理自己的情绪的能力：引导孩子们用一些对自己、对别人都尊重的方法去处理自己的情绪，如自我鼓励，用某些哲理或某些名言安慰自己，鼓励自己同痛苦、逆境作斗争；转移注意力，如打打球、散散步、听听音乐，有助于转移不愉快情绪；宣泄，向知心朋友或亲人诉说出来或大哭一场；走进大自然，登山、眺望大海、走进森林等。

完善的人格（自我价值）的建立：帮助孩子建立自信、自爱、自尊。引导孩子们建立自信，肯定自己的能力，如孩子独立地收拾了房间，家长及时予以肯定和表扬。再进一步，引导孩子明白什么是自爱的行为，什么是自尊的行为，通过将身旁发生的故事或者历史人物故事等讲述给孩子听，让孩子一起体会故事含义。

第三篇

帮孩子快乐度过学龄期

亲子共渡入学"难关"

孩子慢慢长大，要上幼儿园、小学、中学、大学，你帮孩子做好准备了吗？在孩子入园、入学前，你应该做哪些准备？如何让孩子顺利适应幼儿园、学校的生活？孩子在幼儿园、学校里遇到"状况"怎么处理？

如何帮助孩子入读幼儿园？

小新（化名）刚入园一周，每天进幼儿园都要哭诉和挣扎一番。常见的情况是这样：早上，小新无奈跟着妈妈走进幼儿园，他边走边哭，到了幼儿园以后不肯留在幼儿园，看见妈妈走了马上追出去，抱着妈妈不让她离开。老师反映小新在幼儿园里，到了吃饭或者睡觉时间就想要妈妈陪，不爱玩幼儿园的玩具，也不肯参加老师组织的活动。

入读幼儿园并未纳入到义务教育体系中，但现代家庭的孩子到了入园年龄后都会走进幼儿园。部分幼儿由于对环境、老师、小朋友及幼儿园的生活感到陌生，因而对入园会有一个不适应的阶段，短则数天，长则数周、数月。为帮助孩子更好适应幼儿园的生活，家长最好提前做一下工作，发现孩子有入园不适应情况后，也要想法巧妙应对。

提前带孩子熟悉幼儿园环境，培养孩子对幼儿园的向往。在平时，家长多带孩子去幼儿园参观，让他熟悉一下幼儿园里的人、事、物。告诉孩子幼儿园是爸爸妈妈送给你的三岁礼物，在里面可以学到许多本领，里面有各种玩具，有好多小朋友，还有漂亮的老师和阿姨。在家多给孩子讲述有关幼儿园的趣事，让孩子逐渐产生对幼儿园的亲切感。

带领孩子多与其他小朋友交往。家长平时多带孩子外出活动，多接触其他小朋友，丰富孩子的交往体验，为过集体生活作准备。家长养成与孩子用普通话交流的习惯，鼓励孩子大胆表达心中的想法，避免因语言障碍影响入园后的生活。

让孩子学会生活自理。家长在孩子入园前培养他的生活自理能力：吃饭的时候不要哄食；让孩子学会自己上厕所；让孩子学着穿衣服……教孩子独立完成一些力所能及的事情。这样入园后，孩子会少碰到一些生活上的困难，更快地适应新生活。

协助孩子学会与家长分离。上幼儿园前，先告诉孩子：你在幼儿园里开心地玩,下午放学时,妈妈一定会来接你的。这会让孩子感到妈妈并没有扔下他不管。送孩子上学时,一定要处理好自己的情绪,避免因为家长的苦恼而加重孩子的焦虑。如果可能,在送好孩子后不要急着离开,要从容地与孩子说再见。需要提醒的是,如果孩子无法与父母分离,家长可与老师协作,但态度要坚定离开。

不要把入园作为惩罚和批评的工具。不能当着孩子的面说幼儿园老师的坏话,更不能以"不听话就要送幼儿园"来威胁孩子。

入园初期给孩子肯定和鼓励。"今天老师说你进步了,没有哭,真棒""明天我们开开心心上幼儿园,好吗""你真厉害,奖励大红花了,老师和小朋友都喜欢你"……以积极的语言鼓励孩子正确的行为。

孩子在校受委屈怎么办?

刚上小学的彤彤(化名)因为上学忘记带铅笔盒,想问身边的同学借文具用一下,不料刚好被老师见到,老师认为彤彤讲话不守课堂纪律,于是将彤彤带到办公室批评了一顿,彤彤十分委屈。回到家,彤彤因为怕妈妈责备就一直不敢提起,只能在一边生闷气。妈妈发现彤彤情绪不对,经过耐心询问,彤彤终于告诉妈妈自己受了委屈。

学校就像个小社会,孩子在学校收到委屈在所难免,这时家长应该怎么办呢?

家长要多注意观察孩子的情绪,了解孩子的感受。年龄幼小的孩子通常对外界比较敏感,对身边人对自己的评价非常在意,家长、老师和同学的负面评价极容易使孩子产生委屈情绪。很多孩子在学校受了委屈后也许不会直接回家告诉父母,这时就要求父母对孩子有足够的敏感度,善于发现孩子情绪上的异常。

家长要善于倾听,帮助孩子宣泄委屈情绪。家长在发现孩子的委屈情绪后,要了解整个事件,引导孩子叙说在学校发生的事情。此时家长要善于倾听,懂得倾听,不要轻易打断孩子,要让孩子感受到父母对自己的倾听和关注,让孩子的委屈情绪得以宣泄。对于孩子的情绪和反应,父母要给予接纳,让孩子感到父母接受真实的自己,并没有排斥自己。同时父母要适当给孩子一些拥抱,起到"抱慰"的作用,借以安抚孩子的情绪。

家长应着重讨论孩子委屈的部分。对于孩子的委屈情绪,家长要与孩子一起讨论,而不是家长直接告诉孩子如何做,让孩子在讨论的过程中自己慢慢发现处理的办法,在这个过程中让孩子自己学会独立思考和处理自己的委屈。父母可以给予一些适当的建议,比如案例中的彤彤妈妈可以建议彤彤第二天找合适的机会跟老师解释清楚,下次再碰到相似的情况就可以避免受到不必要的委屈。

在有必要时,父母可以协助和支持孩子与老师的沟通。有些孩子年纪尚小,无法与老师更好地沟通,父母可以给予适当协助,但不要大包大揽。父母要让孩子体会到委屈实际上也是生活的一部分,而学会怎样接受和独立处理委屈也很重要的。同时,让孩子明白,老师也会有处理失误的时候,孩子不要将过多的责任归罪于自己,产生负罪心理。

家长的态度要客观清晰,但不要将孩子与老师置于对立面。父母对于孩子受委屈要有客观明晰的态度,不能似是而非。很多父母希望大事化小、小事化了,于是告诉孩子"算了吧"。这样看似在安慰孩子,其实是态度不清晰,既让孩子觉得父母不理解自己,感到孤立无援,又不能让孩子真正理解是非曲直。有些父母要么认为必然是孩子的错,否则老师怎么会批评孩子,要么断定一定是孩子受到了欺负,要为孩子向老师讨公道。这些评价都将老师和孩子放在了对立面上,不利于解决问题,还有可能让孩子对老师心怀怨恨,使得矛盾升级。

家长该不该陪读?

秋天,王女士的女儿要上小学了,王女士担心孩子年龄尚小,难以适应小学的作息和生活,也想监督女儿学习,于是王女士辞掉工作,在女儿所读小学附近租了间房,开始了陪读生活。对王女士而言,除了每天负责接送孩子上下学,还要陪着孩子一起做作业,帮孩子默写,帮孩子整理书包,孩子作业不会就担当了教师的角色。有时候她还进到教室跟孩子一起读,便于回家后给孩子进一步辅导,再复习老师强调的重点,生怕孩子学习上掉队。像王女士这样的陪读情况并不少见。

现在的家长对孩子的学习特别上心，一点不肯放松。同时不放心孩子的生活自理能力，一手包办，孩子只要读书就可以了。有时家长为了能让孩子一心读书，甚至一方辞掉工作，以此全力支持孩子读书。此举可以理解，但总体而言，不值得鼓励。

陪读损害孩子的学习能力。学习能力是需要慢慢培养的，如果父母在孩子学习上事事包办，当孩子的第二个老师，孩子就会缺乏自主学习和主动学习的意识，对学习丧失兴趣和动力。同时，孩子在学习上会过度依赖父母，对孩子的远期学习是极其不利的，一旦父母不再陪读，孩子便会无所适从。

陪读损害孩子的生活能力。孩子年龄尚小，生活上需要父母照顾很正常，但是照顾孩子不等同于大包大揽，事事不让孩子插手。人在一生中，不仅要学习如何获得知识，更要学习如何生活。很多父母认为只要孩子学习好就行，这使得很多孩子往往学习成绩佳，但生活上一窍不通，这样的孩子长大之后独立生活的能力很差。还有一些父母认为孩子小，生活能力差，所以要多加照顾，但是每一个孩子都必须经历从生活上的无知到熟悉的过程，慢慢探索生活也是孩子成长的必要部分。孩子的生活能力从小就不锻炼，却希望孩子长大后能无师自通是不可能的，因而父母应该在孩子小时候就开始培养他的自主生活能力。

陪读往往使孩子觉得24小时被监控，容易造成孩子逆反心理。随着年纪的增长，孩子的自主性渐强，父母在孩子身旁时时提醒、刻刻照顾，会让孩子感到被控制、被束缚，这使孩子产生严重的逆反心理，尤其到青春期时，可能会和父母产生较大冲突。

陪读往往反映了家长的"分离焦虑"及溺爱心理。有些家长陪读虽然是打着"一切为了孩子好"的旗号，但实质上是家长本身面临与孩子的"分离焦虑"。一个自己从小看着长大的孩子就要一步步离开自己，这让很多家长难以接受，于是以陪读的方式继续留在孩子的身边。对于这样的情况，家长需要知道，没有任何父母可以陪孩子走完一生，虽然分离是痛苦的，但暂时的不适却可以给孩子更长远的幸福。另外，父母的人生是否精彩不该由孩子决定，很多家长为了陪读甚至放弃多年的工作，把全部心血花在孩子身上，一旦孩子将来没有达到家长的期望，家长就会觉得自己的付出没有得到回报，心中难免产生怨恨情绪，也会使孩子压力巨大。

亲子共渡入学"难关" | **89**

如何给老师提意见？

小雨（化名）读二年级了，每晚功课做到很晚。小雨的妈妈觉得孩子平时的作业量比较大，而且内容多有重复，耗费时间，于是找到老师，就布置作业的问题给老师提了一点意见，但意见并没有被老师采纳，作业量并未减少。这让小雨妈妈困惑：自己这样提意见合适吗？老师会不会因为自己提意见心里不舒服而累及孩子呢？

家长和老师的交流互动很重要，那么家长该如何合情合理地向老师提意见呢？

平时多一点联络和沟通。家长和老师在平日加强沟通交流，这样一方面可以全面了解孩子，另一方面平时的交流基础增进家长和老师的互动和了解。在此基础上，提出意见易于理解和接受。

对老师予以接纳和理解。即使家长的意见言之有理，也要注意老师想法和行为的合理性。尽可能站在老师立场理解老师处理问题的方式，在提出意见之前先听听看老师的看法，这样做可以让老师有被倾听、被理解的过程，也使自己的意见更有针对性。如果家长能真心站在老师的角度替老师着想，理解老师的付出，感受他的苦乐，老师也更加理解家长的。

保持理性和平静。在提意见时，"理性"和"沟通"的态度是很重要的。家长在提议时不要固执己见，要谦虚谨慎；不要强加于人，要客观表示自己的态度；同时给别人以保留不同观点的权利，不要用"我的意见是绝对没错"类似的语气来跟老师交流，切勿情绪激动。

态度诚恳，不要伤老师的面子。较好的做法是，表达自己对老师和学校的支持，首先要让老师感觉到，家长的态度是诚恳的。当老师真正意识到家长的看法是有道理时，是能够认真听取家长意见的。

注意合适的时机和场合。建议找老师私下或个别沟通，在老师和家长时间比较宽松的时候，在双方情绪和心情比较放松的时候提出意见和建议。

教师节要不要"表心意"？

1985年，我国将9月10日设立为教师节，意在向全社会倡导一种尊师重教的风气。如今，每年9月，当孩子们开始忙忙碌碌为开学做准备的时候，家长也开始发愁了——教师节要不要向老师"表达心意"？要如何表达才合适呢？

国外对家长给老师送礼的限制一般有"严打派"和"规范派"两种。严打派，即立法禁止送礼。如德国和意大利等欧洲国家，将家长或学生给老师送礼直接视为违法行为。美国阿拉巴马州在2011年立法，禁止教师接受学生赠送的现金、礼品券等礼物，违者最高可判入狱1年和罚款6000美元。规范派则给礼物价值设有上限，教师收礼须上报。如美国马萨诸塞州法律规定，公立学校的老师在收到学生个人赠送的礼物时，如果价格在10美元以上就必须上报；如果老师收到一个班集体赠送的礼物，则价格不能超过150美元。

在国内，关于教师节家长能否向老师送礼，如何送方面目前没有明确的法律规定，但从民族文化、教养习惯、社会风气等角度来讲，心意本无错，在乎其心，关乎其度。

在教师节这个特别的节日，家长选择一份小小的礼物"表达心意"在中国是可以被理解和接受的。教师在教书育人的过程中付出了自己的心血，因此家长与学生希望借这样一个特殊的节日表达自己的感激尊重之情无可厚非，这时一份恰合时宜的小小礼物就成了表达这份感情的载体。

节日致意，贵在真诚。有些家长为礼物的大小、贵重费尽心思。但如果只是为了为求自己"安心"而向老师表达心意，甚至为求"安心"与其他家长攀比送高价礼品等，就远离了教师节向老师表达心意，以示感谢和尊重的初衷，不仅与真诚相悖，同时也给老师带来了"不安心"。其实，父母求得"安心"的方式有很多，如常怀感谢尊重之心，适度与老师保持电话或短信联系，认真准备并准时出席家长会，不做"多事"家长，等等，送礼并非唯一途径。

考虑老师的接受度，不要让老师为难。如果老师拒绝接受，也请尊重教师的自由和权利。

不要将送礼功利化。如果家长企图用礼物"买"到孩子在老师心目中特殊的地位，则会造成"三输"的局面。其一，孩子受到了错误的教育，认为最重要的不是个人的努力，而是物质关系，为他们今后的人生之路埋下了隐患。其二，家长徒添烦恼，陷入攀比之风。其三，抹黑教师形象。功利化的送礼是对老师最大的不尊重和不信任，是对教师职业道德的践踏。

总之，教师节家长为老师准备一份礼物表达感谢之意是可以理解的，但是要注意选择合适的礼物：一张满载感谢的手写卡片，一束饱含祝福的鲜花，一件丰存诚意的手工制品都是不错的选择。

接送孩子到几时？

每到上学、放学时间，幼儿园、小学、中学门口人群聚集，说开起了车展也不为过。于是，校门口的交通便陷入了瘫痪，喇叭声此起彼伏，学校附近的路况受到影响。校门口人满为患，孩子寸步难行。一边是家长们翘首以盼，急切寻找包裹在校服里的自家孩子，一边是学生紧张张望找寻来接自己的家长。由于大部分学校门口区域都未留停车区域，甚至连供家长们停留等候的地方也不足，以致早晚上学、放学时段，校门口人车混杂，交通混乱，险象环生。

就此责备家长溺爱孩子有失不公平。混乱的交通、潜在的社会治安隐患、遥远的上学路途等，都是家长们接送孩子的理由。尤其是幼儿园、小学生因自身安全等需要，家长应予以接送。但接送持续到几时对孩子的成长最有利？以下从两个方面给出几点建议。

一方面，针对不同年龄段的孩子制定不同的接送方案。幼儿园的孩子尚年幼，自我保护能力有限，大人的保护对孩子来说属生存必需。此时，无论离家远近，家长都要接送孩子上下学。小学低年级学生通常也需要接送。孩子处于幼小衔接的过渡阶段，独立能力仍在发展中，需要家长的支持。待孩子上小学高年级时，家长可以根据自家上学路途远近、交通是否便利以及自家情况决定是否接送孩子。对步行或乘车在半小时之内，路况不复杂，天气和身体正常、独立能力较好的孩子来说，逐步自行上学、放学，减少接送是他们的需求。上中学的孩子各方面都有了较大的成长，如果学校距离合适，交通也不复杂，家长可考虑孩子自行上下学。

另一方面，在接送孩子时，家长要做到文明接送。家长接送孩子时不要堵在校门口。一旦拥堵，不仅影响了校门口的交通，其他车辆寸步难行，而且使孩子不能顺畅地离校，孩子的安全存在隐患。针对这一点，家长可以和孩子约定在学校附近的建筑物或路边等待，也可以与孩子商定错过接送高峰，让孩子放学后在教室休息一会儿，然后再出校门。这样既保证了孩子不会被家长堵在校门口出不来，也使得家长能够顺利接到孩子。另外，家长要有序接送。这对缓解上下学时间学校门口的交通拥挤也有好处。校门口交通畅行，消除了孩子进出校门时潜在的交通隐患，从而更加保证了孩子的安全。在接送孩子时，家长应该遵守交通规则，以身示范，给孩子树立遵守规范的榜样。

老师批评孩子后家长怎么办？

某天下班后，小树（化名）的妈妈正在厨房忙晚饭。一会儿，小树像往常一样自己放学回家。可异常的是，孩子并未像往常一样冲进厨房，问饭准备得怎么样了，而是自顾地回到自己的房间。"出什么事了？"树妈嘀咕。终于，在饭桌上，当妈妈问起学校的情况时，小树垂头丧气地告诉说，"今天老师批评我中午不应该剩饭。"树妈看到孩子这样内疚和伤心，心里也不是滋味。

家长该如何面对老师对孩子的批评？曾有媒体报道，一个女生将老师批评她上课看小说的事告诉家长，家长竟然冲到学校将老师打伤。这样的应对方式显然不可取。家长护子心切可以理解，孩子心理承受能力较差，老师的批评方式太过粗暴都可以讨论，但冲动发怒，生气莽撞无益于事情的解决。那么，从家长的角度来说，该如何正确对待和处理老师对孩子的批评呢？以下就此给出几点建议。

家长应充分理解批评也是一种教育的手段。可以说每一个孩子是在不断地犯错、改正的过程中成长起来的。在这个过程中，老师作为除了父母以外的另一个重要的教育者，在教育手段上，奖励和批评两手都要抓。鼓励和赞扬可以在维护孩子自尊的同时，建立孩子的自信，提升孩子学习的动力。但是一味地"讲好话"可能造成孩子自傲自大。如果说奖励是告诉孩子"要做什么"的话，那么，批评便是告诉孩子"不能做什么"。对老师来说，批评和惩戒也是一种教育的手段，尤其当孩子犯错时，此时的"当头棒喝"能让孩子看到自身的不足，然后警醒改正。

帮助孩子学习接受老师的合理批评。俗话说"良药苦口利于病，忠言逆耳益于行"。家长和孩子应该明白，老师的批评让他们看到了孩子的不足之处，这样的批评并非针对孩子个人，而是针对孩子的过失或错误行为。另外，老师对一个孩子的批评有时也是他对孩子关心爱护的体现，所谓"爱之深"，才会"责之切"。因此，家长应该让孩子看到老师的苦心，从而帮孩子接受老师的批评。

当孩子一时难以接受老师批评，家长应优先处理孩子的情绪。此时，家长可以站在孩子的角度，耐心地听听孩子的心里话，做好安抚工作，这样有助于孩子抒发自己的情绪，也会增加亲子之间的交流和理解。

家长在与老师和孩子的沟通中，若发现老师的批评方式有待改进，应与老师私下积极沟通。在孩子面前，家长应与老师保持一致。这有助于维护老师在孩子面前的师者尊严，保证以后老师的评价仍能得到孩子的重视。家长和老师应该避免互相拆台的尴尬处境，这对孩子的成长不利。

作为孩子教育的联盟，家长和老师之间相互信任、相互尊重和体谅是必要的，家长体谅老师批评孩子的良苦用心，老师体谅家长关心、爱护孩子的爱心。

如何准备家长会？

毛毛（化名）今年刚上小学一年级，开学不久，学校要召开家长会，毛毛将这个消息告诉了爸爸和妈妈。毛毛的爸爸妈妈认为这是孩子上小学后的第一次家长会，很希望给老师留个好印象，让孩子以后六年的学习生活有一个良好的开端。但是毛毛爸爸和妈妈对参加家长会需要准备些什么却不甚清楚，这也是大多数家长的困惑。

家长会是一个家长和老师沟通的重要平台，上小学后家长会显得尤为重要，对此家长可以做如下准备。

家长要尽可能地参加家长会。家长会是家校合作的重要部分，是家长了解学校和学生在校情况的重要机会。家长会最好由父母，或者是孩子的日常监护人参加。如果父母其中一方参加家长会，要在会后与其他家庭成员沟通有关家长会的信息，以便家庭成员对孩子及学校的情况有共同的了解，达成一致的教育理念，这对孩子的教养是十分重要的。在家长会之前，家长应该提前对会议的地点和交通情况有所了解，尽量准时，不要迟到。同时带好纸笔，做好记录。这会给老师留下支持学校、关心学生的好印象。

在家长会开始之前或结束之后，尽可能与老师进行个别沟通。个别沟通更具有针对性，可以利用这个机会提出在其他家长面前不方便提的问题。但家长会当日可能由于人太多，家长一时找不到合适的机会与老师面谈，也可以在会后与老师电话沟通。

利用家长会与其他家长进行互动。家长会不仅是家长与老师的沟通，更是家长之间的交流。父母在家长会上要注意与其他家长的互动，分享彼此之间的经验和信息，了解其他孩子的近况，这样可以有效对比自己孩子的情况。家长之间的交流往往是从孩子和父母的角度出发，同老师所看到的问题有时是不一样的，因而从家长那里得到的信息也是很有用的。但父母要注意，在与其他家长沟通时要避免攀比情绪，关注信息的交流而不是孩子之间的比较。

家长会上父母尽量不要揭孩子的短，要给孩子留面子。有些家长会要求家长和学生一同出席，对这样的情况，家长要提前做好心理准备，家长要在孩子的同学和老师面前给孩子留足"面子"。如果家长一味对孩子"揭短"，孩子会觉得以后在同学面前抬不起头来，影响孩子的情绪，甚至产生厌学心理。对于家长会上老师的表扬，家长会后要及时表扬孩子，让孩子觉得自己得到了父母的肯定。对于批评，家长切不可觉得孩子表现不好丢了自己的面子，因而当众批评甚至责骂儿童，这样会损害孩子的自尊，家长应虚心接受老师合理的批评，对不合理的批评和一些争议较大的问题，可以在会后和孩子、老师单独沟通。

父母参加家长会最重要的就是平常心。家长会是一个师生家长交流的平台，如果家长在会上发现孩子的情况不够理想，切勿动怒，否则让孩子对家长会产生畏惧心理。

如何做好幼小衔接？

新学期开始了，亮亮（化名）迎来了自己的小学生活。但是，刚开学他就一直"状况"不断：上课铃响了，亮亮还在操场上玩，不知道要上课了；上美术课，他到处找笔，发现忘带了；课堂上他一会儿转转身子，摇摇椅子，一会儿低头找地上的玩具，一会儿拉拉身旁同学的小辫子；回家后都要爸爸妈妈看着他做作业……亮亮的妈妈为此很是苦恼。

幼小衔接指的是学前教育向小学教育过渡的一个时期。幼儿园和小学对孩子的学习习惯、行为规范、生活作息等要求大不相同。大班幼儿往往对小学生活充满向往，但有一部分幼儿升入小学后难以适应新的学习生活、作息制度，从而出现适应不良、学习不佳，甚至厌学的情况。如何帮助孩子度过关键期？家长可以做如下准备。

激发孩子对新校园的向往之情。一般说来，孩子到了六七岁的年龄，心理和身体各个方面都基本上具备了接受小学教育的条件。此时，作为家长应该带孩子做一些入学准备，让他以满腔热情来迎接新生活。比如，告诉孩子"你长大了，是小学生了，我们真开心"，让孩子知道父母为自己的成长高兴，为自己上小学自豪。再比如，平时带孩子到校园外转一转，熟悉环境，告诉孩子"这所学校多美丽，多干净呀！这里的老师可有学问了，他们教小朋友认字、数数、唱歌、跳舞、学知识。在这里读书，你也会变得更能干。"还可以请邻居或亲朋好友家中的哥哥姐姐讲讲学校生活的趣事，以引导孩子对学校生活的向往。

培养孩子的学习意识和习惯。幼儿园课上比较自由，但是小学一节课有40分钟，而且必须老老实实坐着，这对孩子来说是一个挑战。家长可以在平时训练孩子安静地坐一段时间，时长从20分钟慢慢到40分钟。在这段时间孩子可以看书、听故事、画画等，让孩子逐步养成专注，集中注意力的习惯。

培养孩子的生活自理能力。孩子在幼儿园里过的是一种集体生活，整天都有老师，包括生活老师跟班，生活上遇到困难都会及时得到老师的帮助。但进入小学后，孩子过的则是一种相对独立的生活。所以孩子能做和应该做的事情，应该让他自己去做，家长可以教孩子从生活中的每一件小事做起，如留给儿童一片自己的小天地，指导他学会收拾自己小天地中的物品，学会穿衣、洗脸、叠被、整理房间、端饭、擦桌子、扫地等小事。

密切关注孩子入学后的情绪和心理变化。刚从幼儿园进入小学的孩子由于环境的变化，不能很快地适应小学生活，给学习带来一些困难，这可以理解。家长应该关心孩子，关注孩子的点滴变化，耐心引导，从心理上和思想上与孩子取得沟通，帮助孩子调整心态，调节生活规律。可以跟孩子谈谈心，了解他遇到的困难，帮他解决困难。

学习兴趣从小培养

孩子有学习行为障碍怎么办？医生、家庭、学校三方面充分合作，在与孩子互动的过程中，关注他们对批评的情感反应，端正对表扬和批评的态度。要多从自身找原因，提高学生的心理承受力和对自我的认识。

孩子对学校环境适应不良怎么办？

欢欢（化名），女，8岁，小学一年级学生，性格开朗，是父母的"掌上明珠"，爷爷奶奶对她更是宠爱有加。自从上小学以后，欢欢像完全变了似的，话越来越少，常噘着小嘴，一副不开心的样子，不像从前那个天真活泼的欢欢了。早上起来，磨磨蹭蹭不愿去学校，已50天没上学。奶奶有些担心，就去学校向老师了解情况，老师也说不出为什么，只是觉得她最近不太爱说话，很少与同学们交往，一天也不说一句话，无精打采，上课时注意力不集中，课堂上也不爱回答老师的问题。老师建议带孩子进行心理咨询。

奶奶陪伴欢欢心理咨询：咨询过程中，欢欢低头不正视医生，能简短回答医生的问话，说话声音低微，说两个月前曾因回答问题不正确在班上被老师批评，感觉特别没面子，后来想起那件事心里很不舒服。从此就不愿在课堂上主动回答老师的提问，为避免产生这种不舒服的感觉干脆不去学校，欢欢的情况属于学校适应障碍。

学校适应障碍，在一年级及转校的小学生身上较为多见。这类孩子主要表现为严重的上学困难，显出一种害怕到校上学的倾向，却无身体不适，常伴随烦躁、郁郁寡欢等情绪反应。

造成学校适应不良的原因有以下几种。①缺乏自主性和独立性：作为独生子女的小学生，习惯于饭来张口，衣来伸手，对父母过分依赖。当他们离开父母进入小学时，面对陌生的环境，会产生心理紧张和不安，想在教师那儿寻求依赖。而老师不像父母一样围绕自己转，而是要照顾到所有的学生。所以，他们就想逃避这种陌生的环境，回到从前快乐的时光，躲在父母的保护伞下，便不愿意去上学。②缺乏抗挫能力：在家里父母事事顺着她们，有求必应，出现了小学生听不进批评的情况。他们的情感脆弱，心理承受力低。在学校的学习和活动过程中，老师会时常对学生的行为进行评价，孩子受到老师的批评，没有勇气去面对，就采取逃避的态度。③缺乏人际交往的技巧：在核心家庭成长起来的孩子，缺乏同龄人交往的平台和技巧，不会和同学们交往，当得不到老师的关注时，便容易产生学校适应困难。④父母对孩子过分溺爱：在家里父母过分娇宠溺爱，很少给孩子提供独立做事的机会，甚至几代人围着一个孩子转，把孩子养成个性十足、争强好胜、看似强硬、一触即溃的"蛋壳心态"。⑤学校因素：学校是孩子迈出家庭接触的第一个正式的学习场所，小学老师较幼儿园的要求更为严格，学校的气氛也较正规，多出那么多的陌生面孔，心理承受力弱的孩子适应下来有些难度。孩子无所适从便从心理和行为方面表现出来。

对适应不良的干预方法有以下几种。

（1）改变父母的教育方式

孩子不可能永远躲在父母的环抱中，长大是自然的规律。当孩子长大步入社会时，必须脱离家庭，自己照顾好自己，学会独立思考。父母的任务是在孩子的成长过程中，培养孩子学会独立，学会面对，配合学校的教育，使学生逐步摆脱对父母过分的情感依赖，培养其自主性和独立性。

（2）培养孩子人际交往的能力和技巧

老师尽可能多关心学校适应不良的学生，让他们感觉到老师对自己的关注和喜爱，引导他们与同学多接触、多交往，通过各种活动，增加与同学之间的相互了解，教会他们与同学交往中要有礼貌、懂谦让、关心他人等人际交往的技巧。

（3）培养学生热爱学校的情感

有同学老师的关爱，在人际关系融洽的学校环境中，小学生就会有了愉悦的情感体验。在此基础上，通过学校运动会、卫生大扫除、爱护我们的校园等集体活动，使他们懂得爱护学校的一草一木，爱护公物。在这样的活动中，学生获得了健康向上的积极情感，对学校、对班级集体就会有强烈的归属感，对学校的热爱便自然增加。

（4）提高孩子的抗挫能力

小学生面对挫折和批评的心理承受力差，会影响他们的学校适应。教师的教育要以表扬为主，孩子犯错误时一定要及时批评，但要注意批评的技巧和言词，批评的目的是教育，而不是打击。关注孩子对批评的情感反应，给予必要的指导。要孩子们懂得任何人都不是一帆风顺的，任何人都受过表扬和批评，端正对表扬和批评的态度。受到表扬时，要继续努力，争取下次做得更好；受到批评时，要多从自身找原因，努力改进。

如何从小培养孩子的学习兴趣？

父母可以从下列方面来培养孩子的学习兴趣。

帮助孩子学习认识自己：孩子先要认识自我，感受到主观的自我，继而认识到客观性的自我或对自我的概念，再明白自我的发展和独特性，察觉出自我及他人的个体都有其独特的发展。当孩子在自我探索的过程中，父母参与在其中，对孩子的一切都感兴趣，通过互动，共同分享，帮助孩子认识自己，透过对孩子认识所作出的反应，让孩子知道自己的情绪、思想和行为；告诉孩子"我看到你快乐地游戏""你拿着玩具走近我，想我陪你玩"这些描述孩子感受、思想和行为的反应句子，能增强孩子的自我认识。父母将孩子的正面能力、优点和各种潜能向孩子作反应，就会促进孩子的正向发展，建立孩子的自尊。孩子有了自信，更有动力实现自我，发展自己的潜能。积极的孩子必定有兴趣学习各样事情。

帮助孩子学习认识他人：孩子学习认识他人，必先从认识父母开始。孩子通过与父母互动与沟通，认识父母个别的性格和情绪。孩子从父母之间以及父母与自己相处的情形，认识人际关系是怎么样的和该怎样待人接物。

帮助孩子做好感觉统合：现在的父母过早注重孩子学习学科上的知识，而较易忽略孩子对自己和其他人的学习，忽略孩子的身体感官动觉发展。其实孩子要有正常的感觉统合，才会有兴趣和能力去学习关心其他的事物。孩子从母胎开始就对自己的一切感觉作出反应，而产生不同的活动。拥有正常的感觉统合，才能依循规划，发展自尊心、动作技巧与更高层次的认知功能。父母要培养孩子的学习兴趣，先要在幼儿期提供运动机会，让孩子多作感觉统合运动训练，发展感觉统合能力。

与孩子建立正向的亲子关系：孩子的整个身心发展建立于与父母的亲密依恋关系。父母无条件的爱、欣赏和肯定孩子，孩子会感受到很快乐和父母对自己有很正面的看法。这样的孩子才会有动力去探索去学习，了解周围的事物。

提升孩子的好奇心：父母鼓励孩子探索及发掘，让孩子对自身及环境有着强烈的兴趣和好奇，父母对孩子的探索行为表现兴奋，使孩子感受父母的支持，更有动力去探索，想更多地认识各种事物。在幼儿期，不要只训练孩子的抽象思维，如认字、数算，在运思前期，孩子需要透过经历来学习，从日常生活事物着手，为什么洗澡棉未吸水时会浮？吸了水会沉？只要在安全情况下，不要阻止孩子的探索行为，那么他便有兴趣去学习新事物了。

如何干预学校恐怖症儿童？

涛涛（化名），男，10岁，偏远山村小学三年级学生，母亲为全职妈妈，对孩子溺爱，父亲为厂矿工人，对孩子严厉。父亲本人因高考失利未上大学遗憾至今，嗜酒，常常醉酒后打骂孩子母亲，母亲多次抱着涛涛痛哭。为儿子接受更好的教育，圆自己的大学梦，涛涛读三年级时父亲执意不惜代价，将其转学到市直小学的实验班，而母亲不支持涛涛转学，曾因转学问题父母发生过多次冲突。转学2个月后的一天，正上课时涛涛突然喊肚子疼，妈妈带其去医院检查，常规检查无异常，医生嘱咐家长，要在家观察。在家期间腹痛没出现。周一母亲送涛涛去上学，刚到学校涛涛又说肚子疼，家长无奈只好带其回家。奇怪的是，涛涛的肚子疼一到家就好了。后来每到星期一的早上准备到学校时，肚子痛就发作，渐渐地，涛涛一提上学就喊肚子疼，无法上学已2个月。家长带孩子到多家综合医院去就诊，各项检查均无异常。医生建议带孩子到心理专科就诊。

在与涛涛接触的过程中，涛涛低头不语，不停地咬指甲，回答医生的语声低微，说自己在期中考试时成绩与入校时落差很大，老师当着全班同学的面批评自己。当时涛涛委屈地哭了，同学们也议论纷纷，怀疑入校考试不是涛涛自己的真实成绩，是抄别的同学的。涛涛见同学、老师感到抬不起头来，怕去学校。涛涛的情况属于学校恐怖现象。

学校恐怖现象是少年儿童时期较为常见的一种心理障碍，是指对学校产生强烈的恐惧感而拒绝上学的现象。以7~12岁的男孩较多见。

这些孩子常见的表现为该去上学的时候不敢去，明明说好了要去或准备要去，一到学校或接近学校就逃跑，拒绝上学。有的孩子是在上学期间，有的孩子是在上学头一天晚上，更多的孩子是在星期一的早上出现以腹痛为主的一系列不舒服的感觉。如果强制他们去上学时，他们就会出现强烈的情绪反应，无论怎样劝说都不能让他们同意去上学。只要不提学校，他们表现一切正常。

造成学校恐怖的原因多种多样。

个人因素：这些孩子大多有完美主义倾向，追求完美，争强好胜，自尊心强，过分在意别人对自己的评价，习惯于做"宠儿"。不能客观地应对挫折，担心昔日的"宠儿"地位受到威胁，就容易发生恐惧和逃避反应，以此来应对。

家庭因素：父母关系不融洽，父母经常当着孩子的面争吵，孩子怕去学校时，父母发生冲突，选择留在家里。家庭教养方式不科学，父母教育理念不统一，教养方式不一致，对孩子过分溺爱，当孩子离开父母时，父母表现出过分担心就会增强孩子的恐惧心理，孩子会选择留在家里。家长对子女的期望值过高，望子成龙望女成凤的心态，也会给孩子的学习带来一种无形的压力，孩子会以拒绝去学校来对抗。如果父母不分是非地同情孩子，为其辩护，就会强化了孩子的恐怖，增加了孩子在家的安全感。以上情况的发生都可能导致孩子的恐惧增强。孩子的情绪与父母的反应相互影响，这对孩子的健康成长都是不利的。在孩子成长过程中与父母分离产生恐惧不安的情绪是自然的。

学校因素：孩子在入学、转学或升学中碰到过分严厉的老师，在适应的过程中，老师对孩子的学习方法、学习态度等给予纠正，孩子难免有挫败和自我否定的感觉，害怕再面对挫折而选择离开学校。

人际关系：孩子在与同学交往中，对一些言行有所曲解，解决问题的能力欠缺，遇到挫折感到委屈、羞辱，产生强烈的情绪反应和焦虑不安的心理，怕重新尝试这种痛苦的体验，开始对这种情景产生回避性的反应而待在家里。

这些孩子往往害怕重新尝试痛苦的体验，内心产生一种矛盾，无法用语言表达，潜意识就选择了"生病"这一不上学的合理化理由。"生病"不是"装病"，孩子确实有躯体不适感，用躯体不适来掩盖心理上的痛苦体验，是一种躯体化症状，是一种转换型心理障碍。

针对以上客观情况，可采取如下干预措施。

（1）提高心理免疫力

医院、家庭、学校三方面充分合作，在与孩子互动的过程中，关注他们对批评的情感反应，端正对表扬和批评的态度。孩子要学会多从自身找原因，提高学生对批评的心理承受力和对自我的认识。

（2）加强亲子沟通

营造和谐的家庭氛围，用无条件接纳、充分理解的态度，引导孩子正视身边发生的事情，协助、支持孩子以积极的方式做该年龄阶段需要做的事，从中体验到做事带来的成就感，促使孩子尽快返校。

（3）改善学习环境

老师和同学要与该同学保持联系，给予关心理解，对于来自同学的不良的语言和行为老师要给予制止。老师的高要求严措施，也要做出相应的调整，加强互动，增进师生关系，协助孩子返校。

（4）系统脱敏治疗

教会孩子做绵长的深呼吸，放松全身，然后将对孩子学校恐惧的情况分为不同等级，逐步进行脱敏训练，直到顺利返校。

在这个过程中，父母和老师一定要保护好孩子的自信心和自尊心，渗透殷切的信任和深深的爱伴随孩子健康成长。

孩子逃学怎么办？

明明（化名），男，12岁，小学六年级，成绩不理想。父亲，个体经商，性情暴躁。母亲，家庭妇女，唠叨。父母常为琐事争吵，母亲一生气就离家出走，六年级期末，父母争吵不断，明明认为父母因为自己学习不好而争吵，一直自责，可就是对学习无兴趣，学习不能专心，连续几次没交作业，老师很生气，通知其家长。回家后，被父亲暴打后，明明每天准时去"上学"准时回家，直到一天姑姑在公园看到明明呆坐在那里，才知道明明3个月并没去学校。母亲带明明心理咨询。

逃学是一种逃离学校生活环境的行为。表现为缺乏学习兴趣，以消极态度对待学习，讨厌作业，不认真听课，违反课堂纪律，时常迟到、早退、旷课，常与家长、教师抵触对立，同学关系紧张，对学习成绩反应麻木等。

造成逃学的原因分析有以下几种。

个人因素：自卑情结。孩子在缺少关爱和理解的家庭氛围中成长，久而久之，形成自卑心理，否定自我，怀疑自己，不安、烦恼、孤独、离群等情感障碍随之而来。明明一直怀疑自己的能力，不能对自己的能力给予正确的评价，不善于表达自己的感情，有什么事情都藏在心里。在家父母常争吵，在学校又不被老师同学接纳，总是觉得有一种不被人重视、关爱的感觉。

家庭因素：父母行为失当，动辄就离家出走，对孩子是一个恶性刺激，孩子会变得胆小怕事、孤独少言，甚至学会面对问题一走了之，没有生存能力，做出选择性的决定——逃学不离家。家庭教养方式不当，父母教育观念不一致，父亲认为教育孩子是母亲的事，出现问题后轻则抱怨孩子的母亲不会照顾孩子，重则用简单粗暴的方法好好教训孩子一番责令其改正。孩子无所适从，缺乏安全感。父母关系不融洽，经常当着孩子的面争吵，孩子怕去学校时父母发生冲突，选择逃学。

学校因素：同学关系紧张。自卑情结严重，导致孩子和同学之间的交流很少。比如，同学们做游戏的时候明明在一旁观看，不参与；向同学借文具，很少借到，有的同学有却不愿意借给他；每次他不做家庭作业，其他同学在语言和行为上都会取笑他；放学没有伙伴，独自一个人等。这些现象导致明明内心的孤独感和不被认同感更加强烈地埋在内心深处。师生关系方面，"应试教育"指挥棒下导致学生超负荷学习，老师疏离"劣等生"，对明明无形中在心理、情感上造成伤害，明明只好用逃学方式回避师生矛盾，求得心理解脱。

对逃学儿童的心理干预从三个方面入手。

（1）建立正确的认知观

采用认知治疗方法引导孩子认识到歪曲的、不合理的、消极的思维方式和持有的错误信念造成的不合理的思维和行为。明明的心理问题外在表现为害怕并逃学，内在却是由于错误的认知因素造成的。他在成长过程中一直不能受到家长呵护，形成了"我是不完美的，不受别人认同"的错误认知。孩子学习意识的淡薄，态度的不明确，做作业的积极性不高，时常交不出作业。这就出现了孩子常为交不出作业而焦虑的情况，这种焦虑不断重复和强化，反过来又加剧了认知和个性的偏离。在个性特征、家庭的教育方式和学校教育环境等不利因素的加重和催化下，使孩子陷入恶性循环的怪圈，导致逃学。

（2）家庭干预

父母亲要以身作则。父母的一言一行，对孩子起着潜移默化的作用。父母的一些好的行为、不好的行为，孩子看得清清楚楚，并早牢记在心，认为那就是处理问题的方法。因此，家长面对孩子的问题时，首先要自我反思，从不良行为的原因入手，提高与孩子的沟通效果，以身作则正确面对问题、解决问题。

家长要为孩子创设一个轻松、和谐的学习环境，让孩子精神放松地学习。作为家长应该多了解孩子，俯下身子和孩子平等交流，聆听孩子的心声。

（3）学校干预

争取家长配合，针对学生旷课、逃学行为，依靠家长的配合积极指导学生。

营造良好的学校环境。通过加强心理健康教育，对家长心理健康教育讲座，使家长科学地了解孩子，形成科学的家庭教育观，掌握科学的家庭教育方法，从而保证孩子的身心健康成长。师生间关系融洽，学校具有和睦的人际关系和良好的心理环境。学校环境对学生而言要具有吸引力，学生心情舒畅、轻松愉快，对学校生活依恋，乐意学习，从而避免逃学行为的产生。

孩子厌学怎么办？

乐乐（化名），男，15岁，初二学生，学习中等。父母离异，乐乐随父亲一起生活。母亲再婚。由于父亲常年在外打工，乐乐无人照管，母亲便接其和继父一起生活。继父在学习上对其要求很严，一次乐乐没写作业，老师通知家长，回家被继父责罚。从此，乐乐再不愿与母亲生活，只好到外婆家生活。乐乐特别失落，渐渐对学习失去兴趣，上课注意力不集中，拿起课本就烦，作业不按时完成，学习成绩明显下降，被老师在班上点名批评后，索性不去上学。因不上学两月有余，母亲带其前来咨询。

厌学是学生对学校的生活失去兴趣，产生厌倦、退缩、回避等心理活动中的负面情绪表现。对学习上出现认知偏差，在情感上消极对待，在行为上主动远离，是所有学生在某种程度上共同潜在的问题。

厌学的孩子主要表现为学习目标不明确、学习动力不足，对学习失去兴趣、提到学习就心烦，注意力不集中、不按时完成作业，学习效率下降。

造成厌学的原因分析如下。

个人因素：孩子缺乏正确的学习目标。自我期望值过高，由于理想和现实的差距太大，当经过一番努力未能满足时，易产生挫败感，形成自我否定，认为自己不是学习的料，减弱或失去学习内在的学习动机，觉得学习是一件很苦、很累，并且很乏味的事情。内心深处因此有强烈的、难以排解的痛苦体验，并且在学习方面一旦遇到困难就选择放弃，甚至厌学。

家庭因素：父母关系不融洽，家庭气氛紧张，尤其是父母不顾及孩子的感受，当着孩子面争吵。缺乏温馨的家庭氛围，孩子容易产生不愉快的情感体验，使孩子没有安全感，孩子学习效率和学习兴趣下降，久而久之产生厌学情绪。

父母对孩子期望值过高，进一步加重了孩子的学习负担。孩子一旦经过努力目标没实现，便产生挫败感，自我否定，伴随着学习的不是求知的兴趣和快感，而是失落和回避，降低了学习的兴趣。父母对孩子过度放纵，孩子缺乏自我控制，便随心所欲，没有学习目标，久而久之也会产生厌学情绪。父母看到孩子学习成绩不理想时都会发脾气、训斥孩子，甚至会打他们，殊不知，这样做的结果适得其反，不仅不能激励其学习，反而产生厌学情绪。

学校因素：老师搞题海战术，给学生布置的作业太多，使孩子觉得学习枯燥无味，产生厌学情绪。老师当父母的面批评学生，教育自尊心过强的"小大人"，伤害了学生的自尊心，学生形成逆反心理，对老师产生抵触情绪，排斥老师，甚至厌学。

对厌学孩子的心理干预方法有五种。

制订适当的学习目标：目标过高容易使孩子产生挫败感，往往欲速则不达，目标太低则起不到应有的激励作用。所以，必须要根据孩子的实际情况来定。初始目标不宜过高，在孩子的可接受范围内，制订切实可行的学习计划来约束自己完成目标。在完成的初始目标基础上再循序渐进地提高目标，以能够完成目标又能体验到学习过程中的快乐为宜。

教会孩子主动与父母、老师沟通，审核完善自己完成学习目标，监督自己学习计划的实施，借助父母、老师的力量协助自己完成学习目标，培养自我管理的能力。

营造良好的家庭环境：家庭是人生第一所学校，父母是孩子的第一任老师。良好的家庭环境有利于孩子的健康成长，激发浓厚的学习兴趣，培养坚强的意志和良好的道德品格。

改变家庭教育方式：父母要主动与老师联系，了解孩子在学校的情况，同时向老师反馈孩子在家的表现，在掌握孩子情况前提下，多与孩子沟通。发现孩子成绩下降时，要耐心地坐下来与孩子共同找出原因，而不是一味批评、指责，关注孩子的点滴进步，并及时给予表扬、鼓励，帮助孩子逐步提高学习的兴趣。

增进师生关系：教师不要将自己的不良情绪带到工作上，要营造轻松愉悦的课堂氛围。厌学往往源自厌师，学生喜欢这个老师就会对这个老师所教的学科感兴趣。老师发现学生厌学，要耐心与学生及家长沟通，共同分析学生厌学的原因，让学生领略到老师对他的关心和爱，提高学生的学习兴趣。

改进教学方法：改变用学习成绩一把尺子衡量学生和对学生要求"一刀切"的教育理念，依照学生的接受能力制订个体化的教学目标。顾及到部分学习困难学生的感受，因材施教，互动式的教学，激发学生学习兴趣，让学生自觉、主动地去探究知识，培养学生的自学能力。

学习困难积极应对

面对学习困难的孩子，首要的任务是评估和鉴别，确定孩子学习困难的具体缺陷的性质和问题所在，之后科学制订一套教育训练的计划和措施，这需要学校、家庭和医疗机构的有机配合。

什么是儿童学习困难？

看过这样一部名字为《地球上的星星》的电影吗？这是一部非常感人影片。影片讲的是一个名叫伊夏的八岁男孩的故事。伊夏的世界充满了惊奇的色彩，他能和小鱼儿、小狗沟通，他用成人难以想象的方式和这个陌生世界交流，脑子里充满各种匪夷所思的"鬼点子"。他与学校的生活格格不入，他的学习成绩非常糟糕，排名靠后，他是成人眼里的问题儿童。伊夏被送到寄宿学校，经历了不堪忍受的与家庭分离的创伤，他的笑脸消失了，那双充满好奇的双眼收回了，他陷入闷闷不乐和孤独。有人说，没有差的学生（孩子），只有差的老师（父母）。尼克老师用乐观和自由的教学风格感染着每个学生，让学生自己去想象，去梦想，去思考……尼克老师发现伊夏最主要的问题是不能拼写和阅读——伊夏是一个学习障碍儿童。同时尼克发现伊夏具有极高的绘画天分，他开始对伊夏进行一系列特殊的辅导，帮助伊夏找回快乐和自尊，并帮伊夏得到了大家的认可。

生活中和伊夏有相同遭遇的孩子不少。据欧洲国家和美国的医学统计显示，每6个人之中就有1个会受到不同程度的学习困难所影响。国内调查研究发现，儿童学习困难的在校发生率约为15%，男女之比约为2∶1，教育有学习困难的儿童已成为特殊教育中最大而又最为活跃的领域。

究竟什么是学习困难？美国国立卫生研究院（NIH）将学习困难定义为由神经系统造成的，特征是辨认字的正确性及流畅度有困难，以及有拼写困难，语言的拼音组成有困难。有专家认为，学习困难是指由于读写障碍、多动症及阿斯伯格等症状所产生的，具体表现为学习能力低落，注意力不集中，肢体协调不佳，以致缺乏社交能力等。1994年，全美学习障碍联合会提出学习困难是指智力基本正常的学龄期儿童学业成绩明显落后的一类综合征，因获取并运用听、说、阅读、书写、推理或数学能力明显困难而表现异常。即使某种学习困难可能与其他障碍（如弱智、知觉损害、情绪干扰）或环境影响（如文化差异、教学不当、心理因素）同时存在，但学习困难不是这些障碍或影响的直接结果。这些内在而本质的异常表现，是由于中枢神经机能不良所造成的。

学习困难的孩子是一个特殊的群体，他们的许多学习和行为特点，如错误的计算定势，不正确的语法习惯，常见的书写错误，不良的活动行为等，代表了正常孩子的某些极端现象。也就是说，学习困难孩子属于正常孩子的范畴，他们没有呈病态的生理心理机能缺陷。当然，也并不排除学习困难孩子心理基本过程存在某些障碍的可能性。

学习困难儿童有哪些特征？

智力正常。即智力测验的分数（智商）在正常范围之内，但在学校的学习中有一门或几门课程有特殊的缺陷，即学习困难。国内外有人通过智力（WISC-R）研究学习困难儿童的团体平均水平（IQ=85.3±19.7）会低于正常儿童团体平均水平（IQ=103.4±7.6）。

学习技能的获得或发展出现障碍。可能出现与生理年龄和心理发展特点不相适应的某些特殊能力或学习技能（如听、说、语言、注意力、记忆力、计算能力、解决问题能力等）上有一定缺陷。

这些特殊能力或学习技能的缺陷，并非由于生理上的原发性缺陷（如聋、哑、盲、身体残疾等）造成的，也不是由于情绪障碍、教育环境影响造成的。

学习困难儿童有明显的个体差异性。如智力发展上的偏异，儿童各种认知的发展是不平衡的，但是这种不平衡体现在个体身上却有很大的差异，尤其是学习困难儿童的智力结构比正常儿童更容易极端化。或许极端地向文科思维方向发展，造成数理学习困难；或是极端地向理科思维方向发展，造成文史学习困难；或是极端向艺术、空间等方向发展，造成其他方面学习困难。在学习困难的学科，这类孩子总是反应迟钝，不能辨别差异，理解和记住不擅长的学习内容所花费的时间要多出几倍，推理判断感到力不从心或是束手无策。有研究表明，学习困难的语言智商与操作智商之间有明显的差异现象（而学习正常儿童则不明显），具有不平衡倾向的特点。

幼儿期有先兆表现。学习困难儿童往往在幼儿早期就表现为好动，易哭闹，对外界刺激敏感和容易引起过激反应，建立亲子依恋关系困难。进入幼儿期，这类孩子中的一部分表现为不同程度的语言发育延迟，以及并发揪头发、啃咬指甲、扔东西、哭闹，动作缺乏目的性，伙伴交往不良，语言理解和表达欠缺等。到学龄期，这类孩子则出现语言理解和表达困难，读书时经常出现字词遗漏或增加，手部技巧笨拙，字迹潦草。这类孩子中的多数伴有多动、冲动，难以集中注意力，焦虑或强迫行为动作多见。

学习困难儿童要达到一般的学习水平或达到教学大纲所要求的水平，需要额外的督促与辅导，有的甚至需要特殊的教育和帮助。经过特殊的教育，学习困难儿童的学习成绩一定会明显改善。

儿童学习困难形成的原因是什么？

儿童的学习困难存在不同类型，其表现形式及程度也不尽相同，学习困难的形成因素也是非常复杂的，探明学习困难的成因是重要而艰难的课题。不同领域的学者展开研究，有的着重从内部考察原因，有的将原因归结为外部。这些学者普遍认为，多种因素综合作用导致孩子学习困难，是内外因素综合作用的结果。

从生理因素方面来看，儿童在胎儿期、出生时、出生后由于某种病伤而造成轻度脑损伤或轻度脑功能障碍，遗传因素（研究表明，有些学习技能障碍具有遗传性），身心发展迟缓（明显落后于同龄儿童的发展水平，感觉器官功能的缺陷或运动协调功能差），身体疾病（体弱多病、注意缺陷等）都会导致学习困难。

从心理因素方面来看，由于儿童正处身心迅速发展期，其心理发展具有明显弱而不稳定特征，会在很大程度上影响儿童学习成功。性格缺陷（主要表现在意志薄弱、情绪不稳定、注意力不集中、自我意识水平低），学习动力不足（儿童学习动机水平低、学习兴趣差），学习方法和技巧缺乏等也会造成学习困难。

从环境因素方面来看，不良的家庭环境（单亲家庭、留守儿童、家庭成员关系紧张、教养方式不当等），教师的不适当的教育方法和不适合的教学内容也易使孩子产生厌学情绪，造成学习困难。

学习困难儿童和低智商的儿童有什么区别？

学习困难儿童由于学习困难，常常被冠以"笨孩子""蠢孩子"等标签，致使其受到同学的歧视、嘲笑，甚至教师和家长对其失去教育信心，使学习困难儿童自卑、灰心。学习困难儿童与低智商儿童是完全不同质别的孩子，正确理解和对待学习困难的孩子，如同对待患了感冒的孩子一样，他们需要得到教师及家长的特殊帮助。

在生理方面，学习困难孩子属于正常的儿童，而低智商儿童属于脑组织有器质性病变或高级神经系统受过严重损害的孩子。

在智力方面，学习困难孩子仍在正常智力发展的范围之内，虽然存在有智力差异，而智商低的孩子的智力发展终生处于低下阶段。

在社会适应行为方面，学习困难孩子没有明显的社会适应困难，而智商低的孩子由于智力因素直接造成社会适应性为严重缺陷。

在学习方面，学习困难孩子的学习困难是多方面性、阶段性的，在特殊教育下，学习的困难会大大减轻甚至消失，而智商低的孩子的学习是全面性的、终身性的，即使通过特殊教育，也难以达到正常发展的水平。

孩子学习困难，家长怎么办？

每个小孩出现学习困难的原因不一样，应针对每个小孩的具体情况，进行有效干预。目前采取学校、家庭、医疗机构三结合的综合措施，针对孩子学习困难具体缺陷的性质和问题所在，制订一套教育训练的计划。

正确诊断：对于由学习技能发育障碍、多动症及阿斯伯格综合征等引发的学习困难，应及时求助于专业机构，如相关医院，制订特定的康复训练计划，进行感觉统合治疗和脑功能反馈治疗，可改善认知功能。对其伴发的行为或情绪问题，可给予相应的药物治疗。但目前还没有特效治疗学习困难的药物。

找出原因： 对于由心理因素引发的学习困难，应及时求助于专业机构，寻求专业人员，如儿童青少年心理医生和心理老师，对孩子开展专业的心理辅导和心理咨询，对孩子的心理问题加以辅导，缓解其厌学和抵触情绪，解决学习问题。

父母帮助： 对于由环境因素引发的学习困难，父母和老师应及时沟通，同时也可求助于专业人员，如儿童青少年心理医生和心理老师，改善孩子的教育环境。父母对孩子的教养方式、对孩子学习的期望、父母与孩子的沟通方式、父母之间的关系，等等，都有可能对孩子造成各种心理影响，从而影响其学习，因而父母应适时调整自己的想法和行为，可在专业人员的干预和指导下，为孩子的学习提供良好的家庭环境和家庭支持。老师对孩子的教学方式和态度，同样影响孩子的学习态度和学习兴趣，家长应和老师建立良好的沟通引导孩子开展学习活动。

在孩子遭遇学习困难时，家长应调整好自己的心态。其实目前由于先天学习技能发育障碍、多动症等疾病引发的学习困难孩子只占很小的一部分。更多时候是后天由家庭和学校环境造成的"人为"学习困难，更偏向于厌学，经过合理有效的心理干预，完全是可以得到有效解决的。问题的开始往往是，学业中的临时受挫如作业较难较多，一次考试成绩下降，老师和家长未能正确应对，采取粗暴简单的教育方式，造成孩子学习信心和学习兴趣的下滑，老师和家长继续施以高压政策，结果变成一个"成绩差-不学-厌学"的恶性循环，孩子偏离正常的学习轨道越来越远。危机意味着转机，从某种意义上讲，孩子出现学习困难，恰好是提供一个机会，让家长和老师可以正视自己的教育方式，反思自身不当的教育行为，从而调整教育观念，为孩子提供更好更优质的教育环境。

什么是儿童阅读障碍？

阅读障碍是一种常见的学习困难，是学业性的学习困难，严重影响儿童各方面能力的发展。什么是阅读障碍呢？阅读障碍是指儿童智力正常，但在阅读成绩显著落后于年龄与年级所应达到水平的一种学习障碍现象。究竟落后到什么程度才算是阅读障碍呢？以标准化的阅读测验测试儿童，患有阅读障碍的儿童成绩低于其他同龄儿童的平均水平，只达到低年级儿童的平均水平。

阅读障碍有不同的表现特征。一是表现在识字方面，识字和记字困难，错别字连篇，写字经常多一画或少一画。形近的字或是音近的字容易混淆，学习拼音感到困难。二是表现在阅读方面，朗读课文特别不流利，增字或减字，朗读时不按字阅读，而是随意按照自己的想法阅读，不能准确理解文章的意思。听写成绩很差，阅读速度慢，逐字阅读或以手指协助。写作文过于简单，内容枯燥，书面表达非常困难。三表现在行为方面，行为反应不集中或无组织，掌握事物的顺序很困难，在辨析距离、方向时显得有困难，理解时间概念时显得有困难。手脚笨拙，走路时脚步不稳，经常跌倒、被绊倒。很快就从一个活动或想法跳到另一活动或想法，完成读写作业非常容易疲劳。

阅读障碍不仅会阻碍知识的掌握，而且会让儿童情绪消极，成就感降低，学习缺乏动力，产生厌学、逃学现象。阅读障碍的儿童畏于文字有关的任务，害怕上课老师提问，恐惧作业和考试，出现学习焦虑和考试焦虑。由于阅读障碍使得儿童经常处于学习困难而不断经历失败体验，会对后来应付特定事件的能力起破坏效应，会消极地接受预定的命运，不作任何尝试和努力。美国心理学家塞利格曼称这一现象为"习得性无助"。这会使阅读障碍儿童在学习时遇到挫折易于放弃，认为无论如何怎样努力都不能取得成功，甚至于力所能及的任务也不做努力，对学习缺乏动力，没有进取心。阅读障碍的儿童普遍存在习得无助现象，怀疑自己的能力，缺乏自我效能感，有强烈的自卑心理，产生消极情绪。阅读障碍的儿童往往由于挫败感逃避阅读，经常看电视、玩游戏、读漫画，进而影响学习。

阅读是一个十分复杂的过程。在阅读过程中，首先需要发挥视知觉的作用，视知觉的分辨与记忆都需参与进来。同时，阅读需要对声音的辨别与记忆，是一个对所看到的字的声音的反应过程，只有熟练的读者，才能进行默读。通过对字形、字音和字义的联系，获得对字词的理解。几乎所有的文字都是音、形、义的联合，缺少其中的任何一个环节，人对字词的认知与学习就会出现困难。也就是阅读困难涉及的心理过程非常复杂，既有视知觉方面的问题，也有听知觉方面的问题，也有音和形转换的问题，还有对字义的理解问题等。阅读过程包括字词解码和阅读理解两个过程。那么，阅读障碍就表现为字词解码障碍和阅读理解障碍。字词解码就是对字词的字形、字音和字义之间的关系转换，字词解码障碍儿童在形音义之间的转换活动上显得特别困难。阅读理解障碍儿童在认识字词上不存在问题，而是面对一篇课文时，基本都能够认识课文里的字词，但阅读整篇课文后却不能记住或不理解课文内容，不能将课文里的意义整合在一起，形不成完整的概念。

研究表明，字词解码障碍主要表现为语音阅读障碍和表层阅读障碍。语音阅读障碍是表音文字中阅读障碍的核心，典型表征是语音意识和编码过程存在明显的缺陷和困难，语音意识的缺陷直接造成词汇识别障碍，这就阻碍了儿童学习拼写与语音之间的系统关系而使他们将词汇的视觉输入转化为语音表征时产生巨大困难，在形-音转换上出现困难。表层阅读障碍则在整词发音上存在缺陷，这使得在直接的语汇通路上表现特定的困难是由视知觉缺陷引起的。汉字属于表语文字（语素文字），以形表意，字形不和语言的音素相对应，即没有形-音对应或形-音转换规则，且汉字的部件、字形复杂多样。对于学习者来说，最困难的就是不能通过拼音的线索来拼写，也不能通过拼写的线索来发音，要记住一个字的音、形、义，建立音、形、义之间的对应联系是阅读困难的主要特征，阅读困难的儿童较容易出现形似错误、同音错误（音同形异）等。

有研究表明，阅读障碍儿童经过解码技能训练却并不能使其阅读成绩有明显提高，说明这些儿童的阅读障碍缺陷不在于字词解码，而在于阅读理解。阅读理解障碍是指儿童具有正常的词汇解码水平，但在篇章的理解上显著落后。在阅读过程中，人要不断主动积极进行阅读活动的监控、评价和调节，具有觉察自己阅读理解过程，才能进一步采取措施对理解进行调节，阅读理解障碍的儿童往往对自身的阅读理解活动缺乏意识和监视所致。

综上可知，字词解码障碍是阅读障碍的初级形式，阅读理解障碍是阅读障碍的高级形式，且两者经常混合在一起的。阅读障碍儿童大多是由于不能很好地对字词解码，出现阅读理解成绩落后。对这样的儿童，只要注意训练他们的字词解码能力，就可以解决阅读障碍问题。而对于在阅读理解上存在困难的儿童，主要需要训练他们的归纳能力、分析能力以及对理解的监控能力。

家长和老师如何应对儿童的阅读障碍？

  作为家长，如果发现孩子有阅读障碍的一些特征，要尽快带孩子到一家可靠的评估机构进行鉴定。要正确、勇敢地面对现实，切忌因逃避而耽误帮助孩子的时机。要对孩子有信心，孩子只是在阅读方面有障碍，在其他方面很优秀，甚至是某一方面闪亮的星星。不要为了让孩子快速弥补这个缺陷，强制孩子做他不愿做的事，如参加各种补习班等，使得孩子将学习视为痛苦经历，产生厌学情绪。要多和孩子交流，倾听孩子的心声，支持和理解孩子，让孩子感受到父母的爱。对孩子一定要有耐心，对孩子的点滴进步及时给予鼓励。同时，要培养孩子独立自主的意识。家长要注意和老师保持良好的沟通，让老师了解孩子存在学习方面的特殊困难，需要接受特别的教育，并寻求相应的配合、关怀和教育，这至关重要。

  作为教师，面对阅读障碍学生，要学习和掌握解决相关阅读障碍的矫正方法和手段。可通过有针对性的扩展词汇训练、阅读技巧训练及良好阅读习惯的培养，对孩子的阅读障碍加以矫正。

  首先选用难易程度适合学生的阅读材料，重视要求理解文章大意的练习。鼓励孩子快速阅读，采用基础读物扩展孩子的词汇，所运用的材料都必须使孩子感到容易。每个人的阅读习惯都会有所差异，有的人阅读时一字一字从头到尾读，读完之后不知所云，有的人则能迅速略读，并很快抓住主题，而有的人边读边写笔记。阅读习惯不同会使阅读效率有所差异。为此，第一，教师应培养学生在阅读时动手做标记或批注的习惯，如在重要的词语下画横线，不懂的地方做批注。这样，能帮助学生起到集中注意力的作用，促进边读边思考。第二，教师应培养学生迅速略读的习惯，要通过训练发展孩子阅读速度的自我调节能力，使之能够根据材料的类型、阅读的目的选择阅读速度，既能精读又能略读。在我国，对阅读障碍的干预矫正研究及实践尚处于起步阶段，为了更有效地帮助有阅读障碍的孩子早日学会阅读，还需要更加广泛而深入的研究和实践，家长和教师也要在实践中积累经验。

　　培养良好的阅读能力是极其重要的。阅读能力的培养应该从小抓起，孩子期是阅读能力培养的关键时期。因此，早期阅读教育是学前期教育不容忽视的重要组成部分。教育学家们称早期阅读为"终身学习的基础，基础教育的灵魂"。有调查表明，早慧的孩子有一个共同特点，就是喜欢阅读。美国心理学家通过对天才发生学的多年研究发现：有44%左右的天才男童和46%的天才女童，在5岁之前就开始阅读了。发达国家在20世纪80年代把孩子智能教育的重点放在提高阅读能力方面，他们认为早期阅读能刺激孩子的大脑，是健全其大脑神经组织的最好方式。同时，早期阅读还对孩子的个性发展有重要影响。阅读能提高孩子的交往能力，有助于孩子形成健康的性格、兴趣、理想和世界观。

　　更重要的是，早期阅读可以有效地预防阅读障碍。一般来说，当家长发现孩子有阅读障碍时，通常是小学二年级以上了，这时矫正已经有些晚了。因为此时孩子还要担负其他学习任务，而且有关学习阅读的脑神经也已经发育得相对成熟。如果我们能够及早发现孩子存在阅读困难，并在学前时期重视其阅读能力的培养，将有助于预防阅读障碍。

学习情绪轻松调节

父母和老师应及时沟通，同时也可求助于专业人员，如儿童青少年心理医生和心理老师，改善孩子的教育环境。父母对孩子的教养方式、对孩子学习的期望、父母与孩子的沟通方式、父母之间的关系等，都有可能对孩子造成各种心理影响。

孩子学习成绩下降，家长怎么办？

孩子从6岁开始上学，小学、初中到高中，孩子在成长期的大部分时间都要与学习打交道。学习成绩，一直都是家长关注的重点，甚至对于一些家长而言，学习成绩是衡量孩子表现好坏的唯一标准。

当得知孩子学习成绩下降，特别是被老师叫到学校去谈话或是在家长会上点名时，家长首要做的是处理自己的情绪。被要求和老师谈话，对于家长本身就是压力事件。有些家长觉得自己因为孩子成绩问题被老师叫去个别谈话，非常丢面子；有些家长觉得无形中受到老师的指责自己"失职"，未能承担起监督孩子学习的职责；有些家长觉得别人家的孩子都能学好，为什么自己家的孩子不行；有的家长觉得自己在孩子身上的期望落空……如此种种，各种认知方式都会引发家长的各种不良情绪。如果家长未能处理好自己的不良情绪，那么势必影响对孩子的态度，容易将自己的不良情绪发泄到孩子身上，特别是以孩子成绩差，不好好学习为理由，"顺其自然"地指责、批评，甚至打骂孩子。孩子容易成为家长不良情绪的"受害者"。

当得知孩子学习成绩下降时，请首先处理好自己的情绪，冷静三思，然后从老师、家长、孩子三方面收集信息。

（1）与老师详细交谈，了解以下几个方面的内容

孩子学习成绩下降的具体表现： 孩子是从何时开始成绩下降，成绩下降的幅度，是单科成绩下降还是成绩全面下降，查看孩子近期完成的作业和试卷，了解孩子作业完成情况，和考试试卷完成情况等。

孩子在课堂上的表现： 孩子是否能集中注意力听讲，能否完成课堂笔记，是否做到举手回答问题，有无开小差、发呆、讲小话、打瞌睡、坐不住，随便离开座位或是其他行为。

孩子在学校是否遭遇了一些特殊事件： 孩子与同学是否发生冲突，有无打架被欺负，与老师是否发生冲突，如顶撞老师，冲老师发脾气，是否有科目换老师

了等。

家长与老师进行详细交谈，获得越多的第一手信息，越有助于分析了解孩子学习成绩下降的原因。当然，如果可以的话，建议与不同的科目老师交谈，以及与孩子的同学，特别是平时玩得来的好朋友交谈，以便更完善和全面地了解孩子的学校生活。在学校有遇到过"特殊事件"的孩子，家长应该从不同渠道了解这些事件的详细经过。任何事件都有可能成为孩子学习成绩下降的导火索。

（2）家长要了解孩子在家里的情况

了解孩子在家的表现，或是从孩子的主要养育人那里了解孩子的情况，如孩子在家完成作业的情况，有无上网过度，是否看电视或看小说时间过长等。还要了解家中最近发生重大变故对孩子影响，如父母离婚，家里重要亲人病重或去世等。

（3）与孩子谈心，了解孩子的想法

对于自身学习成绩下降的看法及内心感受，了解孩子的情绪变化，自我认识。学习成绩下降仅仅是问题的表象，就像冰山的一角，如果不引起重视或是深入了解背后的原因，即使是泰坦尼克号也会沉没。遇到冰山并不是暴力地破冰，而是找到正确的方向适时转舵，所有的问题将迎刃而解，看到冰山后的美丽风景。

学习成绩下降主要可分为厌学和学习困难，两者有显著的不同，简单地讲，厌学是能学但不想学，学习困难是想学但学不好。

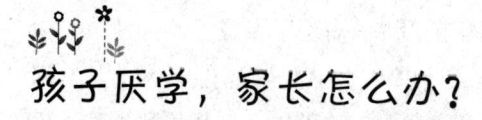

孩子厌学，家长怎么办？

不同的厌学原因需要采取不同的应付方式，每种应对方式都需要家长、老师、孩子三方面的配合，才能从根本上解决孩子厌学的问题。当然这其中，家长的影响是最为重要的。

（1）"为什么学？"

帮助孩子找到学习动机，培养孩子的学习兴趣，增强孩子的成长愿望。

学习动机是推动孩子进行学习活动的内在原因，是激励孩子学习的强大动力。根据学习动机的动力来源，可以分为内部学习动机和外部学习动机。内部动机是指由个体内在的需要引起的动机。例如孩子的求知欲、学习兴趣、改善和提高自己能力的愿望等会促使孩子积极主动地学习。外部动机是指个体由外部诱因所引起的动机。例如，有些孩子为了得到老师或父母的奖励或避免受到老师或父母的惩罚而努力学习，他们从事学习活动的动机不在学习任务本身，而在学习活动之外。内部动机可以促使孩子有效地进行学校中的学习活动，具有内部动机的学生渴望获得有关的知识经验，学习具有自主性、自发性。而具有外部动机的孩子学习具有诱发性、被动性，他们对学习内容本身的兴趣较低。很多时候，孩子并不清楚学习应该学什么，学习到底有什么意义，或是仅仅是为父母学，为老师学，缺乏对学习的内在需求。

曾有一个这样的心理寓言故事：老人家门口有一片公共草地，老人非常喜欢在安静的草地上享受阳光。可是有一天，一群小孩开始来草地上玩，非常吵闹。老人心里很想把这群小孩赶走，但是这草地是公共设施。老人知道，越是赶这些孩子走，他们会来玩得更开心。怎么办呢？老人想了一个办法。他对这些小孩子说"小朋友们，你们明天继续来玩吧，只要你们来，我就给你们一人1美元！"这群小孩子喜出望外，于是第二天又来了。这样几天之后，老人说"孩子们，我不能再给你们1美元了。我只能给你们每人0.5美元了。"孩子们有些不悦，但是也接受了。又过了几天，老人说"从明天开始，我只能给你们每人5美分了。"孩子们说"5美分太少了，以后我们再也不来了！"

故事中老人将孩子们的内部动机"为自己快乐而玩"变成了外部动机"为得到钱而玩"，他操纵着钱这个外部因素，所以也操纵了孩子们的行为。只有培养孩子的内部动机，才能让孩子成为学习的主人，如果用金钱物质的外部动机驱使孩子学习，只会让孩子成为学习的奴隶。现实中，父母往往采取和老人相似的做法，用金钱物质、用口头表扬等奖励，以为自己是在强化孩子的学习行为，实际上起到了反作用，南辕北辙，反而让孩子忘记了学习的原初动力——好奇心、求知欲、学习的快乐、成长的愿望等。其实每个孩子都是一个好奇宝宝，充满了无穷的求知欲，对学习新知识无限渴求，只是大人们的一些做法将孩子的渴望扼杀在了萌芽状态，将孩子塑造成了一个个学习机器，走上厌学的不归路。

（2）"如何学？"

营造良好的学习环境和学习氛围，制订适当的学习目标，改进学习方法，培养良好的学习习惯。

家庭教育对孩子来说至关重要，孩子的问题很大程度上来源于父母。人一生中在家庭中生活的时间最长，影响我们成长的很多人际规则、生活和学习习惯都是在家庭教育阶段开始形成的。良好的家庭教育和习惯养成对孩子未来发展至关重要。每个孩子出生时都是一张白纸，孩子成长过程所遇到的问题往往是父母问题的反映。很多父母对孩子的教育是"言传"重于"身教"。比如在学习问题上，一边因为担心玩电脑影响孩子的学习，禁止孩子玩电脑，一边自己在孩子学习时玩着电脑游戏，玩手机，打牌打麻将。孩子有时就像一台复印机，复印父母的行为。试想本身不学习的父母如何能培养出爱学习的孩子。父母应该重视"身教"，以身作则，为孩子树立良好的学习榜样，如果父母都是书不离手，有着良好的阅读习惯，孩子多数情况下也是如此。

学习的本质是知识的迁移，通俗地讲就像是盖房子，有了地基才能建钢筋灌水泥，才能一层一层建高楼，新知识需要与旧知识产生联系，才能被孩子们掌握。父母和老师所做的营造良好的学习环境和学习氛围，制订适当的学习目标，改进学习方法，培养良好的学习习惯，都是让新知识和旧知识产生联系的催化剂，能提升孩子的学习效率，取得良好的学习成绩，增强学习信心。需要注意的是，不同的孩子适用于不同的学习方法和不同的学习习惯，不可将别人的学习方法和习惯完全照搬，应根据孩子自身的特点，找到适合孩子的方法。换句话说，让孩子按照自己的学习节奏和习惯，更加科学地学习。学习中没有"比较级"，最忌讳别人家的孩子如何如何，如果父母们那么在乎别人家的孩子，就真的是把自己的孩子变成"别人家的孩子"。

（3）"乐学"

一个只会读书考试但是不快乐的孩子和一个成绩不太好但是生活中充满快乐的孩子，您会选择哪一个呢？对于孩子而言，学习生活已经是他生活的很大一部分了，但不是全部，对于父母而言，更应该看到学习不是孩子的一切，孩子需要的是成长，学习只是成长的一部分。当孩子在学习中能收获满足感、快乐感、幸福感、被关注、被尊重等一切美好的感受时，"厌学"自然不立而破。

如何让孩子表达自己的情绪？

给孩子一个简单的情绪方程式，就像原来数学课上老师教大家解方程式"$x=?$"一样，当孩子出现各种情绪时，请直接告诉孩子"这种感觉叫害怕""这种感觉叫难过""这种感觉叫嫉妒"，等等。

孩子打针的时候，每次到医院，甚至一听到要去看医生就大哭。这时候，可以抱起孩子，轻轻地拍着他的背说："妈妈也会很害怕，妈妈懂，这种感觉叫害怕。"后来，等孩子情绪安稳时，母亲问她："是害怕打针哭还是因为打针真的很痛？"孩子说："是因为害怕才哭，其实打针不痛。"有时需要陪孩子找出最简单的感觉，最简单的情绪。

"丢掉自己心爱的东西很难过，这种难过的感觉妈妈也有过，妈妈陪着你，等这样的感觉慢慢离开。"

"这种感觉叫做思念，妈妈也会思念一个人，我们一起思念好吗？"

"这种感觉叫做被忽视，这种感觉不好受，妈妈也不喜欢，不过，我们可以这样告诉对方……"

"和小朋友打架了，这种感觉叫做愤怒，愤怒时会想大声喊叫，会想摔东西，会想打人……"

每一种感觉带着孩子去认识，每一种感觉带着孩子慢慢地理清，每一种感觉带着孩子慢慢地感受，每一种关卡陪着孩子过……慢慢地，孩子会懂得自己的感受，懂得自己的情绪，懂得自己要什么，懂得自己最单纯的感觉，懂得自己卡住的关，懂得那个关卡怎么过。

有一次，一个小男孩在学校里和同学打架，身上受了伤，脸上被划伤，衣服弄脏了，书包带子被拉断了，哭着回到家，母亲看到儿子一副脏兮兮的样子，马上就说："全身怎么弄得这么脏，是不是和同学打架了？男孩子哭什么哭？"然后赶紧就让孩子把脏衣服换下来，完全无助地的小男孩哭得更大声了，但母亲只顾想着赶紧把衣服洗干净，把书包带子缝好，烦躁地吼着说"男孩子要勇敢，哭什么哭！"

故事中的小男孩很可怜，在他放声大哭的那一刻，心中要处理"被同学欺负，很委屈""与同学打架的感受""身上的伤好痛""被妈妈埋怨的愤怒""被取笑胆小的心情""妈妈的期望"等，这些感觉混杂在一起，成了一个难解的情绪多元方程式，对于年幼的他是多么难以解答。最开始因为被同学欺负，委屈不服的感受，早已湮没在各种后来出现的情绪之中，他又是如何能够解答。当他在家中再一次号啕大哭的时候，恐怕他早已经忘记了自己想要的是什么，早已经分不清楚，哪些感觉多一点，哪些感觉少一点，哪些愤怒多一点，哪些情绪少一点。如果能在他走进家门的那一刻，母亲能拍拍他的头，抱抱他，问问他在学校到底发生了什么，然后说一句：被同学欺负很委屈，很难过，这种感受不好受，妈妈知道你受了欺负，妈妈心里也不好受，妈妈陪着你，我们一起等这种感觉离开，然后再想想该怎么办。孩子只需要简单地处理自己难受或委屈的感受，解答简单的情绪一元方程式。慢慢地，孩子能越来越了解自己的情绪，越来越清楚自己的情绪根源所在，也就能慢慢处理自己的情绪。

很多孩子在闹情绪的时候，一边要感受自己的情绪，一边还要处理大人们的情绪。比如，一边感受自己的害怕，一边还要担心被骂"有什么好怕的""胆小鬼"。一边感受失去东西的难过，一边还要担心被指责"怎么这么不小心""马大哈""不长记性"。一边羡慕别人家的孩子有最新的玩具，一边还怕被说"浪费钱""一天到晚就想着玩"。一边在感受做作业做不完的累，还要担心第二天被老师批评，被家长打骂。好多孩子每天处理着太多的复杂感受，如果家庭中有父母失和，婆媳不和，小孩掺杂在父母大人之间更多的情绪纠葛之中，他又是如何能处理连大人都处理不了的情绪问题。这些错综复杂的情绪方程，最终将成为一个不是每天要称赞几次，每天要拥抱几次，父母要多付出就可以轻易解决的问题。

所以给孩子一个简单的情绪方程式，让孩子在有情绪的时候，第一时间能感受自己的情绪，能表达自己的情绪，能处理自己最简单最直接的情绪感受。

如何处理孩子的情绪？

孩子有各种各样的情绪，每种情绪有不同的处理方式。但是处理情绪的一个原则是先谈情，后说理。即先接纳孩子的情绪，再询问需求。处理情绪的核心是表达。

一位母亲说有一次她接到老师的电话，说她读小学六年级的儿子把同学打了，可是她一到学校发现自己的儿子根本就没占什么便宜。儿子脸上被对方抓了好几道口子，最深的一道口子还在流血。此时母亲一阵心痛，一把拉着儿子说："儿子，妈妈看到你这个样子很心疼，现在还痛吗？"儿子本以为母亲要来骂自己，想不到妈妈会这样说，本来倔强的儿子此时点点头，流下了两行眼泪。"儿子，你现在的感觉是怎样的？"

"我很愤怒，他这么不讲道理！"

"哦，还有呢？"母亲继续问。

"还有委屈。"

"好的，妈妈知道了。"

接着，母亲抱着孩子，什么话也不说，大约二十多分钟过去了，孩子的心跳和呼吸都渐渐平缓下来，此时的儿子已经平静了。而且也被妈妈的爱滋养着，他内在的力量足够了。

"儿子，你平时处理事情都非常好，今天到底发生了什么？"

"是他先惹我的，开始我不理他，可是他一次又一次地来惹我，我被惹火了，就打了他，接着我们就打架了。后来老师来了，老师批评了我。"

"是这样，现在你想怎么办呢？"

"不知道！"

"你想做哪些事？"

"我想让老师知道，是他先惹我的。"

"还有吗?"

"我想跟他沟通一下,我不想玩的时候不要惹我。"

"非常好,儿子你准备怎样做?"

"我现在就可以去和老师讲。"

"和你打过架的同学,你准备什么时候去讲?"

"要不我让老师把他找来,在老师面前说清楚?"

"对,我的儿子真不错,我支持你。"在处理好学校的事情后,母亲又带儿子去医院进行处理。从医院出来后,儿子对母亲说:"妈妈,我想过了,第二次再发生这样的事情,我决不会这么傻了,我刚才的做法,其实是很差的。"

这位母亲对孩子的受伤事情处理得非常智慧,首先接纳孩子委屈、不服、愤怒、难过,承认孩子的感受,待孩子情绪平稳后,再去了解事实的真相。她的智慧之处在于不纠缠于事件,而是启发孩子思考自己的需求;协助孩子提出解决方案,并给予情感上的支持;孩子得到了成长,学会如何处理自己的情绪,如何处理类似的人际关系事件。但是有的父母在得知孩子被同学欺负后,第一反应是对孩子说"谁打你的你就打回去""谁欺负你的你就欺负回去",等等,这样孩子不仅要处理自己的情绪,还要处理父母的情绪。

在现实的生活中,很多家长都知道要先接纳孩子的情绪,再处理事情。可是一遇到孩子发生情况,父母急着要干预,有时甚至代替了孩子,这样孩子就难于成长了。

孩子有恐惧,怎么办?

"爸爸,我怕黑。"

"妈妈,我怕鬼。"

"妈妈,我怕水,我不敢游泳。"

很多时候,小孩子都会说"我怕"来表示自己的恐惧和害怕情绪。

一位妈妈带孩子去游泳。孩子第一次去游泳池,看到满池的水有些怕,怯生生地站在水池边。妈妈先下了水,在泳池里招呼孩子下来,孩子看了看妈妈,摇摇小脑袋,说:"妈妈,我怕。"妈妈说:"男孩子要勇敢,水有什么好怕的。"妈妈试着鼓励孩子,但是孩子还是很害怕,战战兢兢地扶着游泳圈走入儿童池,他的小脚才刚刚碰到水,就稍微地缩了一下喊:"冷!"然后又缩回岸上。妈妈这时一把用力地把他拉入水中说:"快过来玩",孩子扑通掉下水,虽然池子不深,虽然有泳圈保护,但孩子还是吓哭了。妈妈说:"水有什么好怕的?男孩子哭什么哭?"然后猛地往孩子身上泼冷水,孩子的眼睛进了水睁不开,哭得更大声了,就这样声嘶力竭地在泳池中哭着,还一直被骂男生这么胆小怎么可以。这个孩子心中留下对水的恐惧,成年后也不愿再去游泳池。

面对孩子的恐惧心理,家长应该怎么应对呢?

承认孩子的恐惧感受: 孩子的恐惧心理与成年人的恐惧并无两样,只是不同的年龄阶段的表现有所不同。一般来说,每个孩子都会经过这个情感发展的阶段,不要惩罚或嘲笑孩子胆小,这样只会适得其反。正确方法是承认孩子害怕的东西确实存在。这样,孩子知道你了解他的恐惧,就会相信你的劝慰、解释,才能解除恐惧的心理。

说出恐惧的具体内容: 往往有些孩子会否认自己害怕,这是孩子常用来对付恐惧的一种方式。实际上,越是这样,孩子自己越是恐惧。爸爸妈妈应该让孩子说出恐惧的具体内容,让孩子解除心理上的羞耻感,并逐渐克服恐惧心理。

进行科学的教育: 向孩子讲清自然界哪些是可怕的,哪些是不可怕的,教会孩子躲避危险的办法,这样也能丰富孩子的生活经验,减少他的胆怯心理。如孩子怕过马路,可带他参观交通岗亭,给他讲交通规则,让他知道什么时候过马路很安全,什么时候过马路很危险。孩子怕小动物,可让孩子多玩动物玩具,观看别人和小动物玩耍,然后让他接近一些温顺的小动物,和别人一起抚摸它,最后让孩子单独触摸。

利用孩子的愉快情感来克服恐惧心理: 应经常让孩子参加游戏,去公园玩等活动,产生愉快情感,克服恐惧心理。同时,还要鼓励孩子用讲故事、绘画等形式讲出或画出自己最害怕的东西,把内心恐惧表达出来,宣泄出去,从而解除恐惧心理。

锻炼孩子的能力,培养孩子的勇气: 让孩子做一些力所能及的事,比如送东西到邻居家,吃饭前摆放碗筷,到超市购物等,锻炼孩子的能力,使他们知道自己可以做许多的事情。

树立榜样的作用：讲英雄或勇敢者的故事，让孩子向他们学习。爸爸妈妈在生活中也要大胆、勇敢，遇事要冷静沉着，不能大惊小怪或喜怒无常。比如家里发现一只老鼠，妈妈首先惊叫逃跑，孩子怎会镇定自若呢？

温和对待，切勿恐吓：很多情况下，孩子胆小是被大人编的鬼、野猫、大灰狼之类的故事吓的。对孩子动辄就严厉惩罚，往往会引起孩子的紧张和恐惧。因此，爸爸妈妈要采用适当方法，耐心教育自己的孩子。

消除孩子的紧张状态：如多让孩子与同龄孩子玩耍、游戏。客人来了，让孩子与客人接触等，并及时给予赞扬和鼓励。谨慎地替孩子选择故事和电视节目，尽量避免孩子见到强刺激的场面。当孩子出现恐惧时，给予情感保证，多拥抱或爱抚，创设安全的环境缓解孩子的恐惧心理。

孩子有悲伤，怎么办？

孩子哭了，有的家长觉得心痛，会抱着孩子安抚；有的家长一边帮孩子擦眼泪，一边关切地询问"怎么了，发生什么事情了"；有的家长心烦，会阻止孩子哭，认为让孩子哭的是不值得一提的小事，一边帮孩子擦眼泪，一边说"这有什么好哭的"，或说"小男子汉了，男孩有泪不轻弹"；有的家长认为是无理取闹，甚至举着手说"哭，再哭，就给你几巴掌"。殊不知，哭泣，是人悲伤难受时的自然表达。

因为爸爸开会，晚上不能陪七岁的儿子，平时晚上基本都是爸爸陪儿子睡的。儿子很伤心，他一边哭一边给爸爸手机留言："爸爸，我好想你，我好难过。"儿子上了床，仍然很伤心，哭哭啼啼。妈妈看到儿子这么伤心，就躺在孩子身边，抱着孩子，一遍遍引导孩子把内心的感受表达出来，孩子一边哭，妈妈一边让孩子跟着自己说"我想爸爸，我好伤心，爸爸不在，我很难过，我想要爸爸陪陪我，爸爸不在，我感到害怕，我需要爸爸……"这样一句又一句，大概二三分钟时间，孩子的情绪就平静下来，很快就睡着了。

在孩子伤心的那一刻，母亲和孩子一起在当下感受他的伤心，不制止他，不哄他开心，不对他说："孩子，你别哭！""你已经七岁了，要勇敢，不可以哭。"而是带着同理心试着体会孩子的悲伤，与孩子一起保持这种悲伤的情绪，让孩子跟着自己把感受说出来。孩子以后还会有很多次的伤心，还会有很多次的难过，但是孩子渐渐会知道如何表达，因为孩子被接纳、被允许表达自己，就能慢慢学会如何处理自己的情绪。

悲伤是人的一种心理保护机制，是人体释放压力的一种反应，悲伤有时伴随哭泣。哭泣其实是一种情绪宣泄功能，能使紧张释放，缓解心理压力，很多人觉得在他们痛快地哭过后，自我感觉都比哭前好了许多，情绪也会有所好转。因此，孩子的哭泣也是一种自然的表达过程，家长应接纳孩子的悲伤，与孩子一同体验悲伤。悲伤需要表达，把悲伤通过言语的方式表达，通过眼泪的方式宣泄。如果悲伤得不到表达，很容易转化为躯体的不适如"头痛""肚子痛"，并且在孩子幼小的心中成为一个雪球，越滚越大，成为一个难解的结。

孩子有愤怒，怎么办？

愤怒，是一种极端的情绪。"愤怒"和"发脾气"，常常难以区分，因为这两种情绪的外在行为表现都有大吵大闹，都使人失去良好的自我控制。但是愤怒的情绪更为强烈，常常伴随面色潮红、声音颤抖、歇斯底里等，父母多多观察自己的孩子，还是能够分清楚的。孩子愤怒时会大喊，甚至于摔东西、打人，特别是家人，很容易让家长手足无措。这时候，往往家长不是和孩子疏解愤怒情绪，而是惩罚和孤立孩子，用自己的愤怒镇压孩子的愤怒。

愤怒有时源于恐惧，有时源于悲伤，有时源于委屈。无论是哪种情况，只要愤怒的发泄能被人理解并得到倾听，孩子和全家人都有会从中受益。孩子愤怒时的情绪很激烈，通常家长的第一反应是孩子错了，我要对孩子讲道理。但孩子正陷在愤怒的情绪中，讲道理让孩子觉得家长否定自己，所以孩子丝毫不可能听进去。家长看到孩子"执迷不悟"就会感到沮丧，并忍不住发火。于是全面战争爆发了，家长和孩子的冲突加剧。

那么如何处理孩子的愤怒情绪，家长需要做到以下几点。

愤怒的孩子的内心是惊恐不安和悲伤的：愤怒的孩子怒气起时来势汹汹，但其实他的怒气只是为了掩盖着内心深处的伤痛。一件很小的事会使孩子感到自己受到严惩威胁，而且他除了奋起反抗外别无选择。孩子感到孤独，认为没有人能理解他，没人愿意向他伸出救援的手，所有的人都想伤害他。孩子天生渴求温情和友善。如果一个孩子狂暴地打他的家人，可能他正处于极度的痛苦之中，他是以这种方式求助——他受到了伤害，需要帮助。孩子害怕的时候，哭泣、发抖和出汗可以消除他们的恐惧；孩子悲伤的时候，哭泣可以排除他们的悲伤；孩子遭受挫折的时候，发过脾气之后能重新感受到生活的美好。但孩子愤怒的时候，却没有确切的、与生俱来的康复途径可循。愤怒好比一道铁丝网，父母必须越过它才能靠近惊恐而又充满痛苦的孩子。一旦学会如何靠近愤怒的孩子，我们就可以帮助孩子摆脱造成他们愤怒的主要原因——惧怕和痛苦。

孩子的怒气通常掩盖着某个可怕的经历：孩子感到处境危险，或经常独自一人、无人做伴，或见到别人受到伤害，都会强烈地感到恐惧。这时，孩子几乎总会由于过度惊恐或为恐惧所压倒而无法抗争。面对危险，正常的反应是全力抗争，然而巨大的恐惧会使孩子处于消极状态。他们会退缩，发呆，或默不作声以求逃生。这些害怕的时刻会给孩子留下深深的印记。在脱离危险之后很久，他们仍然会感到惧怕。他们惧怕既来自那个他们所遇到的可怕的事物，也来自在那次遭遇中自己陷入完全被动的处境的体验。很小的不快可能会触发孩子很久以前的经历留下的恐怖感。尽管此刻他并未面对严重威胁，他的行为正如那次一样，因感到孤独和惊恐而作出自卫的反应，他愤怒。此时，有效的方法是伴在他身边，帮助他处理他的恐惧和悲伤。

孩子在愤怒中是不可能表达的：一个孩子不可能告诉你说，"我吓坏了，就像我去年那次碰伤头一样害怕。"以往可怕的经历的各个细节会留在孩子的记忆中，就像扎在肉中的刺一样深深地影响他的思维举止，但又不总是能为孩子自己所意识到。孩子通常不可能直接处理有关的经历。

家长可能成为孩子攻击的对象：当家长试图帮助处于愤怒情绪中的孩子时，孩子可能此时处于极度的孤独、无助、失望；当孩子感到危险或无助时，他们会让自己的情绪反应——通常是愤怒和不信任感——指向他们最亲近的人。也许父母已经尽力去爱孩子，孩子却叫喊着说父母从来不关心他，对他一直很坏。如果家长此时急于为自己辩护，要"澄清事实"，就不能集中注意力于孩子，因为他需要告诉你，他对你有什么想法，然后才能接受你的帮助。一边给予关注，一边倾听孩子情绪激昂的诉苦，应该是最奏效的做法。

孩子会极度敏感身体上的触碰：孩子悲伤和恐惧时，父母通常可以通过肢体接触，如拍拍孩子的头，轻拍孩子的背部，抱抱孩子。但是孩子在愤怒时，处于极度的悲伤和恐惧，陷入了很深的孤独之中，就像受惊的小白兔，对身体的接触非常敏感，本能地会排斥身体的接触，这个时候如果去触碰他，反而会被他甩开手，或是更加激起他的愤怒，激起他的动手欲望。孩子可能会坚决要家长走开，如果家长此时真的走开，孩子会陷入更深的孤独。家长不触碰孩子，但要留在孩子身边，让孩子经过尖叫、发抖、冒汗和大哭这些能释放出隐藏在深处的伤痛的过程，惊喜地发现，在他一直发火的时候，家长始终在他身边。

在孩子愤怒发火、怒气冲冲、不可理喻时，请试着平静地留在他身边，倾听他体验恐惧和悲伤的全过程，不用言语进一步激惹他，不与他理论，不试着拥抱他，不阻止他愤怒的发泄如尖叫大喊，不要离开他，不要惩罚他。要做的就是留在孩子身边，陪着他，让孩子了解，即使不能样样满足他，依然是很爱他的。待孩子平静后，再试着与孩子沟通，引导孩子的表达自己的悲伤和恐惧。

孩子的愤怒和发脾气，是对家长耐性的极大挑战，特别是对家长权威的极大挑战。曾经听话懂事的孩子，突然变成暴跳如雷、不可理喻的"小恶魔"。家长需要控制自己的情绪，让自己不被孩子的言行所激惹，需要面对孩子不恰当的指责，需要平息自己的怒气，依然保持冷静，需要体验孩子愤怒背后的恐惧和悲伤，而孩子需要学会在自己困难的时刻能信任家长。在家长和孩子建立起足够的信任感后，孩子的情绪平复时，再解决触发孩子愤怒的事件。

第四篇

特别的孩子给予特别的关爱

孤独症

有的孩子表现为目光对视差，哺乳时无相应的肢体姿势，3~4月逗弄时不发笑，4~6月时不关注周围的环境变化，好像周围的事和他无关，6~12个月对经常接触的人和陌生人一样对待，亲近之人离开也毫无反应。这些都是孤独症的表现。

孤独症的发病原因是什么？

孤独谱系障碍，也就是大家一般俗称的"孤独症""自闭症"，其确定的病因目前尚不清楚。近几十年的研究表明，孤独症和以下因素是有关系的，但并不是说这些因素就一定会造成孤独症。

遗传因素：家系研究发现，儿童孤独症遗传度为90%，孤独症孩子的兄弟姐妹患病率为2%~8%，是一般人群的发病率的50~200倍，但远低于单基因遗传疾病的发病率。儿童孤独症患者二三级亲属的患病风险分别为0.18%和0.12%。研究认为，儿童孤独症是由于多基因遗传及其他非遗传因素共同作用，而且至少为10个以上的致病基因相互作用的结果。与孤独症有关的致病基因大约位于性染色体、7号、15号、17号染色体等上面，可能与五羟色胺系统基因、儿茶酚胺系统基因、脆性X综合征基因、免疫系统基因及脑源性神经营养因子基因有关系。

围产期因素及环境因素：围产期是指妊娠28周到孩子生后一周这段时期，孤独症患者中存在围产期产伤、宫内窒息的情况较正常孩子更为常见。而防腐剂、消毒原料中汞等各种重金属污染也可能是孤独症的发病原因之一。

病毒与免疫学因素：围产期的病毒感染可引起免疫缺陷，损害婴儿的中枢神经系统。孤独症还可能存在自身免疫缺陷，从而使其在胎儿或新生儿期容易招致各种病毒感染，从而引起中枢神经系统损害。病毒感染和免疫缺陷，可能导致神经细胞死亡更替的过程出现异常，从而出现神经发育障碍。

神经递质系统异常：大脑中有一些重要的传递信息的化学物质，例如五羟色胺系统、儿茶酚胺系统，它们都和人类的情感表达有明确的联系，这些物质的异常可导致人与外界的情感联系出现障碍，也可能出现孤独症的表现。

孤独症的特征性症状是什么？

孤独症的特征性症状主要有三类，即社会交往障碍、语言交流障碍及兴趣狭窄和刻板重复行为。2013年美国精神病学会颁布的《精神障碍诊断与统计手册》（DSM-5）将其合并为交往障碍和刻板行为障碍两大类症状。

大多数孤独症患者的起病年龄在出生后1~2年，有的孩子在1岁之前就有一些异常表现。假如一个孩子在1岁以前异常安静，不认生，现在看来，极可能就是早期孤独症的表现。有的孩子表现为目光对视差，哺乳时无相应的肢体姿势，3~4月逗弄时不发笑，4~6月时不关注周围的环境变化，好像周围的事和他无关，6~12个月对经常接触的人和陌生人一样对待，亲近之人离开也毫无反应。

社会交往障碍： 孤独症孩子缺乏眼对眼的凝视，目光经常不集中在别人的脸上，不注视人，目光显得空洞涣散，回避目光接触，缺乏社交性微笑。母亲抱起他时，往往没有期待性兴奋的表情，对不认识的人也不认生。但是，有的孩子对父母，尤其是母亲表现为过分依赖，在任何环境下都黏着母亲，把母亲当作喜欢的一件东西。1岁以后的孤独症孩子不能指着一样东西和别人分享他的兴趣，别人也很难从他的目光中判断出他的意图。在玩游戏时，孤独症孩子不擅长想象性游戏，不能将一个东西假想成另外一个物品，只是刻板地敲打东西或乱扔、乱揉玩具。他们的模仿性游戏能力较差，不会玩"过家家"，不会模仿医生、厨师等特定职业的行为。对互动的、合作的游戏缺乏兴趣，因而不愿参加集体游戏，有时候加入游戏也比较被动，不能理解游戏的规则。上幼儿园后这类孩子不懂得遵守纪律，约束自己的行为，经常在上课时离开座位，自由玩耍。孤独症孩子不探究周围的环境和别人的活动，别人开心不能引起他的注意，没有加入的愿望，更不懂得在交往中如何对别人恰当反应。

语言交流障碍： 一部分儿童存在语言发育迟缓，这往往是家长首次就诊的主要原因。孤独症孩子不仅存在语言表达障碍，而且存在语言理解障碍，不能利用语言进行有效交流。在语言表达障碍中，往往表现为言语重复、刻板以及简单地模仿别人，有的孩子出现延迟性模仿，反复说几天前听到过的话。对"你"和"我"分不清楚，往往用名字替代"我"。他们的语言表达中，不带情感色彩，无语音、语调、语速的变化，像机器人说话一样。孤独症孩子的语言理解障碍主要表现为不听指令或听不懂指令，对别人的言语没有反应，似乎充耳不闻。

兴趣狭窄和刻板行为：孤独症孩子不愿改变周围的环境设置，家里的物品要放在特定的位置，并且要有一成不变的作息时间表，外出时行固定的路线，否则他们会烦躁不安。他们往往对没见过的东西不感兴趣，没经历过的活动不尝试。有的孩子特别喜欢某些物品，例如圆形的、球状的东西常常是孤独症孩子最喜欢的，经常反复转着玩，一玩几个小时。有的孩子对一些特殊的物品有异乎寻常的嗜好，常常不离不弃，喜欢的东西旧了、脏了、臭了也不愿扔掉。玩耍的方式和正常孩子不同，有的孩子喜欢撕纸玩，喜欢听玩具车的轮子转动，喜欢转着瓶盖玩。孤独症孩子往往有刻板的行为，不停在自己眼前晃动自己的手，或反复拍手，转圈，来回无目的地跑。孤独症孩子的行为往往带有强迫性质，例如出门时必须走固定路线，吃饭前有固定的仪式。孤独症孩子的情感表达比较单调、平淡、刻板，情感反应与周围环境不协调，别人兴高采烈时，他却面无表情，更不会试图取悦别人。部分孤独症孩子伴有明显的多动、冲动行为，单调地来回蹦跳或转圈，其多动表现并不是周围环境刺激诱发的，别人很难理解他们的行为，经常做事不知危险，有时冲动伤人或伤害到自己。

阿斯伯格综合征有什么特点？

阿斯伯格综合征原来属于广泛发育障碍（PDD）的一个亚型，DSM-5已经不强调它作为孤独症的一个亚型存在，统称为孤独谱系障碍（ASD）。

本病最早由维也纳儿童精神病学家阿斯伯格提出，称为儿童孤独性精神变态综合征，患病率为0.26%～0.3%，男性多见，男女比率约为8∶1，主要表现为社会交往障碍，刻板的行为，重复的兴趣，无明显语言和智能障碍，一般发现比较晚，常常在上学以后，与同学交往出现问题的时候才就诊。

有人认为阿斯伯格综合征只是一种突出的人格异常，其表现类似于高功能孤独症。但是，二者相比，阿斯伯格综合征多起病于2~3岁，比高功能孤独症晚，对父母及同伴有更多的交往意向，没有不正常的重复的语言，有象征思维，但存在思维延迟。有阿斯伯格综合征的孩子玩的游戏是比较刻板的，缺乏创造性。他们在和别人谈话的时候只讨论自己感兴趣的话题，而且十分坚持。这些孩子的刻板行为更少，对外界环境的刺激也很少出现过于敏感的情况。

阿斯伯格综合征的诊断标准：①人际交往中缺乏交往技巧，交往方式刻板、生硬、程式化，缺乏发展友谊的能力。②局限于刻板、重复，或不同寻常的兴趣或活动，显得比较怪癖。③无明显言语与语言发育障碍，认知发育基本正常。④运动技能较低，动作往往比较笨拙。社会交往功能明显受损；一般到学龄期症状才明显，症状常持续存在。

结构化教育的特点有哪些？

结构化教育是让有特殊困难的孩子更好地适应周围环境，帮助他们更好地学习新知识的一种教育方法。

教学环境结构化：将教学环境进行合理布局，合理摆放家具以及划分区域，并为活动内容设置清晰的环境布置（环境结构），提高孩子的独立能力，训练他们对规则的服从，减少不良情绪反应。将教学环境划分为各种学习区、游戏区、工作区、进餐区，不同分区之间有转换地带，使孩子明确每个区域的功能。

作息时间结构化：由于这类孩子的计划性和时间观念比较差，不能记住先做什么，后做什么，因此要设计集体和个人的作息时间表，包括每天的日程表、周计划和月历等，并根据孩子不同的能力设计不同的标识，制订常规的信息展示方式，让他们明白这段时间要去哪里、要做什么（程序时间表和工作系统）。

教学内容结构化：根据患者不同的能力，安排合适的教学内容。

视觉策略：由于这类孩子接受视觉信息的能力比接受听觉信息强，因而可以给予视觉提示（视觉安排），帮助孩子理解各种要求和规则。

应用行为分析法有什么特点？

应用行为分析法（ABA）的理论基础是斯金纳的操作条件反射，简单地说，就是所有生物都可以通过有目的的行动来获取他所需要的东西。得到的东西就是对他行为的奖赏，并会强化、巩固他的这个行为。如果没有一定的奖赏物，那种固定的行为也会逐渐消失。应用行为分析法的主要目的是为孤独症谱系障碍的个体提供专门的强化行为干预。

应用行为分析的设想： 所有的行为均被认为是适用于应用行为分析法的学习。在恰当治疗方式下，有利于个人和环境形成互动。如果在学生与环境之间取得恰当平衡，就会产生持久的行为改变。应用行为分析法鼓励通过新行为的建立来发展新的技能，通过教导新的替代行为来减少不恰当的行为。

应用行为分析的特点： 一对一教学。早期训练，最好在3岁以前进行。在确定孩子基本技能的基础上，设计特殊的恰当的教学内容。训练需要一定强度的训练，给予频繁的学习机会，每周30～40小时，每次训练2～3小时（包括休息），每个项目5分钟，结束后休息1～2分钟。训练计划需要包括家长在内的治疗组来进行，一个治疗组每周工作合计达30～40小时。

应用行为分析法的主要治疗目标： ①生活自理能力：训练其日常生活自理能力，包括进食、穿衣、个人卫生、上卫生间、恰当做家务以及建立安全意识和行为。②注意能力：主要是要让孩子能安静坐下来认真做功课，能听从指令，与其他人共同注意同一个目标或内容。③语言交流能力：训练孩子模仿发声，听从指令，提出要求，命名及进行有效交谈。④模仿能力：练习模仿动作、发声模仿以及进行各种其他的复杂模仿。⑤运动能力：包括大运动、精细动作及口肌训练。⑥游戏能力：训练孩子能够做社交游戏、假想游戏、桌面游戏、互动游戏、团体游戏，练习音乐和歌唱等。⑦学习能力：训练孩子能够分类、排序、配对，认识数字和字母，知道数量，进行数学训练以及阅读训练。

图片交换沟通系统的特点是什么？

图片交换沟通系统（PECS）是一个定位于视觉的课程，着眼于交流的起始部分，适用于无语言发育，不能用语言做社交沟通的孩子。这一系统利用代偿的、非语言的交流方式传递信息。

（1）优点

图片交换沟通系统课程不是训练孩子对特定词语或指示的常规反应。交流是由孩子发起的，是自然的、有意义和有强烈动机的，有强烈的奖赏效应，容易被孩子接受。训练效果起效较快，对每个孩子都有特定效果。能够鼓励孩子在自然情景中独立找出交流对象，为孩子提供了无限的潜在交流对象。孩子能很快地将交流泛化，与更大范围的人群交流。所使用的材料便宜，图标可以很简单，易于准备和携带。适用范围广泛，老师、治疗师和家庭成员都容易使用。

（2）遵循的原则

从日常生活中常用的图标，例如玩具、饮料、食物等缓慢开始。了解孩子特别的爱好，制订相应教学内容。需坚持不懈并制订恰当的目标。需耐心，不放弃，持之以恒。

（3）图片交换沟通系统的训练阶段

第一阶段：自发性交换。第一训练员充当沟通对象，第二训练员负责提供身体提示，且第二训练员起到了决定性的作用。整个过程可以简单地概括为教孩子拾取、传递、放下、收回等动作，将图片传递给第一训练员同时训练员说出图片的名称。当孩子完成动作后予以图片一致的奖赏，如玩具、食物的一部分等。重复此行为10~15分钟，使孩子能够单独完成图片交换任务。

第二阶段：距离和持续性，这一步开始之前先反复训练第一阶段数遍。在这一阶段的距离主要指孩子与训练员的距离，孩子与图片的距离两方面。逐渐增加孩子与图片的距离以及孩子与训练员的距离，使孩子能够自发及持续地运用图片来交换自己想要的物件。

第三阶段：分辨图片。在这一阶段我们可以概括为识别图片和识别实物。首先我们在沟通本上贴上孩子喜欢的和不喜欢的对象各一张。当孩子拿起正确的图片时，训练员给予口头鼓励同时将实物拿给孩子。其次贴上很喜欢的和次喜欢的对象，当孩子取出其中一张图片交给训练员时，训练员拿出两样物件让孩子自己选择与图片相一致的物件，同时对孩子说"你想要（物件）"。逐渐增加沟通本上的图片，训练顺序同上。

第四阶段：使用图片句子。在这一阶段我们要训练孩子运用图片句子来换取自己想要的物件。当孩子走到沟通本前，从版面中选出适合的图片，拼成句子条"我要+（物件）"，将句子条撕下，交给训练员以得到自己想要的物件。训练员在接过句子条后逐一指出图片并说"你说，我要××"当孩子掌握句子条后，可逐渐增多图片放在沟通本上，让孩子可选择不同的对象进行交换。

第五阶段：回答问题。沟通本内准备有"我要"的图片和相应的句子条，同时提供一件孩子想得到的物件，训练员指着"我要"的图片并同时询问孩子：你要什么？然后孩子撕下"我要""小车"，组成句子条递给训练员，训练员问孩子"你要什么？"当孩子熟悉后，训练员只需要进行口头提问"你要什么？"，然后等待孩子撕下"我要"和对象图片拼成句子条进行交换。

第六阶段：评述事物。首先把"我看见"图片放在"我要"图片之下，同时向孩子出示一件他较不喜欢的对象。治疗师问"你看见什么？"同时指出"我看见"图片，孩子把"我看见"图片和相适应的对象图片拼成句子条，完成后治疗师做出口头回馈"是的，你看见××"并予训练无关的对象作奖赏。逐步训练其他问题，最后随机向孩子提问。

地板时间训练方法的特点是什么？

地板时间（Floor Time）是针对孩子的社会交往缺陷，用符合孩子的能力水平，跟随儿童自然的、感兴趣的引导技术，与孩子互动，创造建立专注及亲密关系，建立双向的、有目的的交流，鼓励孩子表达情绪、感受及想法，建立逻辑性思维。

课程安排：自发发展的恰当的互动（推荐每天有6~8节20分钟的课）。半结构化的问题解决互动。通过解决问题学习语言和词语（每日3节20分钟的课）。考虑运动、感觉及视觉-空间活动综合进行。最好邀请养育者参与其中，在家庭里练习，巩固效果。

进行地板时间的五个步骤。

观察：用耳及眼睛观察孩子的行为及状态，观察内容包括面部表情，声调，身体动作，身体姿势，言语的运用。

展开沟通圈：了解孩子的情绪及活动模式后，运用恰当的态度及言语开始接触孩子，按照孩子此时的兴趣，介入他的活动中，如用说话形容孩子的情绪（比如，哇，很好玩），协助他展开沟通圈。

跟从幼儿的带领：成功进入幼儿的活动后，继续让幼儿做主导。注意成人只是孩子的玩伴，及协助他完成他想做的活动，通过这种关系模式，协助孩子建立适应并掌控环境的能力，从而建立自信心，同时让孩子体验到被理解、被接纳的感觉。

延伸并扩大活动的内容：延伸孩子的沟通模式及意图，如由目光示意延至数一二三才开始玩，装聋作哑，故意做错让孩子提出纠正，协助孩子扩展活动层次。由重复的动作到加入主题活动（如，骑自行车变为坐出租车），逐渐加入感受词（如，我好开心）。

让幼儿关闭沟通圈：当孩子延伸你的玩法到用他自己的方式进行活动时，沟通圈便关闭。当与孩子互动时，一个又一个的沟通圈会相继开关。猜测彼此的想法及手势沟通的建立，孩子开始体会到双向沟通的重要性。

地板时光的基本原则是根据孩子的个性化特点，跟随孩子的引导，从孩子相应的发展水平参与进去，建立在他的自然兴趣上。创造一个与其发展相适合的游戏环境，开始和闭合交流的循环（即沟通圈）进行，扩展交流的循环，有建设性地互动以帮助儿童达到他/她自己的目标。愉快地互动，必要时加点阻碍，增加难度。拓宽孩子互动经历的范围，扩展主题和/或情感范围，扩大在互动中应用的处理和运动能力的范围，挑战孩子，使他参与到被忽视或避免的互动类型中，使他应用那些平时很少利用或不愿运用的处理能力。用声音和/或词语、视觉、触觉、动作等辅助训练可获得更好效果。

注意力不集中/多动症

孩子在成长过程中是否表现得多动？孩子多动就是注意力不集中/多动症吗，有多动症怎么办？千万不能把多动症孩子视为顽皮孩子而不去矫正和干预，使本来能够治疗的孩子耽误了最佳治疗时机。

什么是注意缺陷多动障碍？

注意缺陷多动障碍（ADHD），又称注意力不集中/多动症，主要是始发儿童时期一种神经发育性障碍。

它的基本特征包括以下三个核心症状。

注意力受损：在认知活动中注意力短暂、不能集中，缺乏持久性，容易分心，经常粗心大意。一件事情没有做完注意力就提前转移，频繁地从一种活动转向另一种活动，好像是因为注意到了另一件事情而对正在做的事情失去了兴趣，最终任何一项活动都不能进行到底。

活动过度：组织不好的、调节不良的、过度的活动。这些活动毫无目的、毫无意义。往往在需要安静的环境中有过分的不安稳，可以表现为来回奔跑，从坐的地方站起来，过分多嘴和喧闹，坐立不安，辗转反侧。在与人交往的过程中，缺乏正常的谨慎和克制，不受家人、老师的管教和约束。上课的时候小动作不停，一会儿切橡皮，一会儿撕纸头，不时学小动物叫。下课后不断招惹别的同学，到处奔跑，不能安静完成一项活动。

行为冲动：在社会交往中缺乏控制力，在多种场合行为鲁莽，强行加入或者打断他人的活动，抢先回答别人尚未说完的问题，在任何活动中不能按顺序排队等候。行为不顾及后果，容易闯祸。

多动症孩子由于具有以上的三个主要特征，表现为整日里活动多、精力过盛、吵闹不安。千万不要把这些孩子的这些行为仅仅认为是顽皮，故意捣蛋。实际上，这些症状在不同程度上影响着儿童，乃至少年时期甚至成年时期的行为、学习、人际关系等过程。多动症孩子可以伴随学习困难、品行问题、情绪异常，严重时会触犯法律。随着年龄越来越大，学习和社会交往问题逐渐突出，反社会行为、攻击行为也比较常见。千万不能把多动症视为是顽皮，而不矫正和干预，使本来能够治疗的孩子耽误了最佳治疗时机。

什么是广泛性多动和境遇性多动？

就多动症的症状来说，究竟"多动"是"多"还是"少"，多到什么程度对诊断才有意义，常常取决于提供病史的家长或老师的观察结果，以及孩子的个性特征。一个喜欢安静的家长或老师常常夸大孩子的活动量，把一个比较活泼的孩子认为是多动症孩子。一个喜欢活动的家长或老师，对有适量活动甚至活动过多的孩子不一定认为是问题。

实际上，多动症孩子并不都是在任何时候都动个不停。有些孩子在家里动作多，一刻不停，忙活不断；有些孩子的多动则表现在教室里，上课是动个不停，左顾右盼，瞻前顾后；还有些孩子在家里和学校都有活动过多。所以，研究者根据孩子多动的场合不同，将其分为广泛性多动与境遇性多动。

广泛性多动是指孩子在学校、家庭和医疗机构及其他场合都表现为活动过度的现象。广泛性多动的孩子一般具有如下特征：发病年龄较早，多数在5岁以前发病，有些在婴幼儿期就有多动的表现；智商偏低，平均智商为84左右；有较多的发育性异常，如轻微的躯体畸形和神经系统软体征；伴有比较多的发育迟延性问题，像发育性言语障碍、功能性遗尿和遗粪症、行为冲动、同伴关系比较差、动手能力比较差。但是，往往对这类孩子，采取中枢精神兴奋剂的治疗效果好。

与广泛性多动相比，境遇性多动是指孩子在学校或者家庭任何一种场合中表现出活动过度的现象。事实上，临床上见到境遇性多动孩子明显少于广泛性多动孩子，发病受社会心理因素和家庭教育方式的影响比较大，对中枢精神兴奋剂的治疗效果远远不如广泛性多动那么好，容易出现各种品行问题，预后比较差。

不同年龄阶段的注意力不集中/多动症孩子都有什么样的表现？

虽然注意力不集中/多动症孩子的核心症状主要表现为注意力不集中、活动过多和情绪行为的冲动，但在孩子的不同发育阶段也有不同的表现。

（1）婴幼儿期的多动症状

如果母亲是经产妇话，怀孕时就会有感觉：与前次的胎儿不同，这次胎儿的胎动次数特别多而且明显。

孩子出生后几个月就会表现出问题，哭闹、尖叫、安静不下来，睡眠极浅，睡眠时间短而且容易被惊醒。经常发生肠绞痛、呕吐、喂养困难，不论是母乳喂养还是人工喂养都难以使其平静下来。时刻不能安静，经常敲打自己的头，摇晃摇篮或小床，常常大发脾气。注意力不能集中，不能专注于做游戏、学唱儿歌或者玩色彩鲜艳的玩具。吃奶或吃饭时不安宁，时刻注意到外边的声音，容易分心，往往吃不好。不让他人搂抱，拒绝爱抚，不依恋父母亲。

有些孩子可能会伴有轻微的躯体畸形，眼距较宽、耳垂低、前发际低、头颅左右或前后不对称，小拇指短而内弯等。伴有轻微躯体畸形的注意力不集中/多动症儿童占19%左右。

孩子会走路时，经常到处走动，或擅自走出家门，或好奇心特别强，自己到喜欢去的地方，或到处探索，或爬到桌子上，或翻越床栏、跳出摇篮。动作往往笨拙，喜欢干扰别的孩子，甚至会强迫性地去"触摸"别人，令人生厌。以跑步代替走路，不顾及危险，经常摔倒。

（2）注意力不集中/多动症学龄前孩子的表现

孩子进入托儿所或者幼儿园后，不会按照阿姨或老师要求行事，表现为不合作、对抗、不服从。有意无意地破坏玩具，不能专心玩一个玩具到底，经常一个玩具没有玩完又要另外一个玩具，将玩过的玩具随地乱扔。看故事书或小人书也是一样，一本还没有看完就要换另外一本，不断变换看书内容，一会儿要看故事书，一会儿又要看识字卡片，甚至书还没有看完，已经被撕扯得乱七八糟。与小朋友一起游戏时不能按照游戏规则进行，随心所欲，不与他人合作，干扰他人游戏时可能表现出攻击行为。让他参与游戏，通常表现为动作笨拙，手-眼-脚的协调性差，在游戏中遇到困难容易打退堂鼓，表现为行为退缩。有些注意力不集中/多动症孩子会表现出自我虐待行为，拉头发、撞头等。

这类孩子在睡眠方面长期存在问题，入睡困难、睡眠浅、容易被惊醒、有时玩耍到深夜也不睡觉，睡眠时间少，在托儿所或幼儿园从来不午睡。

经常破坏家里的东西或者公共物品，攻击他人，好发脾气，难以教育。

（3）注意力不集中/多动症学龄期孩子的表现

学龄期孩子的多动表现比较典型、明显，多数的多动症状也是在学龄期被家长或者老师发现的。

主动注意力保持时间达不到孩子年龄和智商相应的水平，是注意力不集中/多动症的核心症状之一。多数此类孩子注意力不集中，上课时不能专心听讲，易受环境的干扰而分心，注意的对象频繁地从一种活动转移到另一种活动，好像是因为注意到新的事物而对原来的事物失去兴趣。做功课时也不能全神贯注，边做边玩，拖拖拉拉，不断改变所做作业的内容，不断以喝水、吃东西、解小便等理由中断作业，粗心大意，随意涂改，因动作拖拉使作业时间明显延长。有些孩子做作业的动作倒是很快，但结果几乎都是错误的。少数此类孩子表现为凝视一处发呆，或端坐于教室中眼望老师，而内心活动早已飞了出去。轻度注意缺陷时可以对自己感兴趣的活动集中注意力，如看电视、看动画片、听故事等；严重注意缺陷障碍对任何活动都不能集中注意力，包括看动画片、做游戏等。

在需要相对安静的环境中，如教室里、家里、公共场所等，孩子的活动量和活动内容比正常儿童明显增多，在需要自我约束或秩序井然的场合显得尤为突出，是多动症又一核心症状。这些孩子表现为过分不安宁（或）小动作多，跑来跑去。在教室内不能静坐，在座位上扭来扭去，左顾右盼，东张西望，摇桌转椅，招惹别人，离开座位走动。话多、喧闹，故意闹出声音以引起别人注意。喜欢危险的游戏，爬高下低，喜欢恶作剧。由于动作多，喜欢冲动而不受家长、老师和同学们的欢迎，会影响到老师和同学们的关系。

（4）注意力不集中/多动症少年期孩子的表现

虽然注意力不集中/多动症状在学龄期孩子中是最突出和最明显的，随着年龄的增加，注意力不集中/多动症状有逐渐减轻或缓解的趋势，但很多症状可以延续到少年期，而且少年期注意力不集中/多动症的表现与学龄期注意力不集中/多动症的表现有不少的差异。

注意力不能集中、活动过多仍然是这一时期注意力不集中/多动症孩子的主要问题，加上这一阶段要升入中学，对中学的学习环境产生新的问题，这类孩子适应不了新的学校环境和中学老师的教学方法，完不成老师布置的作业，学习兴趣和学习成绩会有进一步下降。接受教育的能力较差，注意集中时间短暂，容易与权威发生冲突。

与老师、同学、家长的关系不融洽，所说的话不可靠，无论表扬还是批评都不能激起孩子上进的信心。喜欢与学习成绩不好或者品行不良的学生在一起，逐渐出现攻击行为、反社会行为，甚至出现青少年犯罪。

这一时期注意力不集中/多动症表现为幼稚、任性、克制力差、忍受挫折的能力差，容易激惹冲动，易受外界刺激而兴奋，挫折感强。对外界刺激的反应强烈，行为唐突、冒失，过失行为多，事前缺乏缜密考虑，行为不顾后果。出现危险举动或破坏行为，容易发生事故，而且事后不会吸取教训，自我形象不好。

成年人也有多动症吗？

以前专家认为，注意力不集中/多动症仅限于儿童期。经过回顾性调查、家系研究和前瞻性研究及有关生物医学的研究显示，注意力不集中/多动症与成人精神病理学之间存在着密切的关系。

早在1976年，美国犹他大学的伍德用标准化的诊断和评定工具对儿童期有注意力不集中/多动症病史和症状，研究时仍然有冲动、易分心、坐立不安、情绪不稳定的21～60岁的成人进行调查，发现67%的成年调查对象存在注意困难、坐立不安、情绪不稳定、冲动、易发脾气。他们的临床表现类似于儿童注意力不集中/多动症，于是提出了"成人多动症"的概念。

成人多动症在诊断时主要强调儿童期多动症的病史，它主要表现为注意力缺陷、活动过多或者坐立不安、情绪冲动或不稳定、学习或社会功能受损，人际关系差，临床特征与儿童期多动症类似。甚至有不少学者认为它是儿童多动症结局的组成部分。除此之外，还可以伴随品行障碍或对抗性障碍、反社会人格、物质滥用、情绪障碍等。

成人多动症的患病率为3.3%～10%。

1980年，美国《精神疾病诊断与统计手册》第3版（DSM-3）将到成人期仍存在多动症状者划分到"注意缺陷障碍-残留型"。从此，成人多动症在精神疾病分类中有了自己的特殊地位并受到精神病学界的关注。

2013年，DSM-5在对多动症进行制订标准的时候，专门提出了成人多动症的标准，强调了年龄在17岁以上，在多动症状学标准中的注意缺陷和多动症状条目数达到9条中的5条，就满足了成人多动症的诊断标准。

注意力不集中/多动症孩子学习困难的原因和特点是什么？

注意力不集中/多动症孩子往往表现为学习困难，突出问题是学习成绩下降。

部分注意力不集中/多动症孩子智力偏低，智商在70～90之间，尤其言语智商与普通孩子有差距，这样就会使对事物的理解力和领悟力下降。平时阅读少，常识性知识积累较少，会使言语表达或文字表达能力下降。在理解问题时往往带有冲动性，还没有听清所问问题的情况下就急于做出回答。

注意力不集中，上课时不能把精力集中在老师所讲的课程上，不会把握老师讲课的关键时刻，错过最佳的听课时间。好动贪玩，有效听课时间减少，对老师讲授的知识一知半解。做功课时马虎拖拉，不管做对做错，匆匆交差。考试时慌忙完成答卷，抢先交卷，不检查答案是否正确。往往比较复杂的问题或者应用题目可以正确完成，而简单的计算题、判断题、常识题失分较多。

部分孩子存在认知功能缺陷。一种形式是综合分析能力下降，如临摹图画时分不清临摹主体与背景的关系，不能分析图形的组合，不能将图形中的各个部分综合为一个整体。另一种形式是视觉-空间定向障碍，不能分辨左右，以致写颠倒字，"部"写成"陪"，"甲"写成"由"，"b"看成"d"。在写字、组词、造句等方面会出现困难。在做几何题目时问题更加明显，分不清几何图形之间的内在关系，也就解不开问题的解。

学习困难是注意力不集中/多动症孩子常见问题之一。前边已经谈到，注意力不集中/多动症孩子的学习困难与他们上课时注意力不能集中、小动作多，存在空间感知觉障碍有关。

从作者的临床观察发现，注意力不集中/多动症孩子的学习困难有如下特点。

学习困难常常逐渐发生：一般来说，注意力不集中/多动症孩子的学习在一二年级基本上没有困难，成绩可以保持在中上水平，甚至名列前茅；三年级以后，成绩逐渐下降，成绩下降涉及所有科目。

学习成绩起伏不平：注意力不集中/多动症孩子的学习困难不是一成不变的，与家长、老师的关注多少有显著的关系。老师、家长加强辅导，督促学习，孩子成绩就会上去；反之，如果老师关注较少，父母因为工作忙无暇顾及时，孩子成绩就会下降。

越是简单的题目越容易错误：注意力不集中/多动症孩子由于注意力不能集中，行为鲁莽，对题目往往还没有明确题意的情况下就做出回答，越是简单的题目越容易出错误。每一张卷子前边的简算、口算、判断、选择、填空等几乎都要失分，后边的应用题，解方程反而能做对。

使用药物可以提高学习成绩：中枢精神兴奋剂对治疗注意力不集中/多动症的效果往往是立竿见影，服用药物后注意力能够集中，听课效果改善，知识的积累为考试做好了准备，学习成绩就会逐步提高。但是，如果平时不好好学习，没有知识积累，仅靠考试前服用药物的方法来提高成绩是无效的。

造成注意力不集中/多动症的原因有哪些？

造成注意力不集中/多动症的原因很多，主要包括生物学原因和社会心理因素。

（1）生物学因素

遗传因素：研究发现在注意力不集中/多动症家族成员中，患注意力不集中/多动症的比例较其他家族成员明显增多。而且，男性成员中酗酒、反社会人格的比较多，女性成员中癔症比较多。对注意力不集中/多动症家族双生子研究发现，单卵双生子的同病率为51%~64%，双卵双生子的同病率达到33%左右，两者的同病率明显高于正常双生子。注意力不集中/多动症的遗传方式到目前为止还不清楚，多数认为它是多基因多阈值的遗传方式。

大脑发育延迟：临床观察发现，往往注意力不集中/多动症孩子围产期并发症多，开口说话比较晚，动作笨拙，精细运动不协调，伴随的遗尿遗粪比较多。脑电图检查提示大脑醒觉不足的慢波多，这些慢波经过药物治疗或者随着年龄的增大会逐渐减少或消失。

精神生化的改变：体内去甲肾上腺素、血清素（5-羟色胺）和多巴胺三种神经递质在注意力不集中/多动症的发病中起重要作用，去甲肾上腺素和血清素的体内浓度或功能减少，多巴胺的浓度或功能增强是多动症的基本生化改变。

（2）社会心理因素

社会心理因素：在注意力不集中/多动症的发病中多数起到诱发作用，这些社会心理因素主要包括家庭气氛紧张，父母不和，养育者有过于追求安静的性格，父母离异，父母教育子女的观点不一致，孩子学习负担过重，学习习惯不良，缺乏母爱或者母爱被剥夺，家庭成员的反社会人格，老师教育方法不当，缺乏对孩子的理解，等等。

家庭因素：父母经验有限，家庭内暴力，对子女的性虐待、躯体虐待和心理虐待，家庭经济困难，住房拥挤，忽视孩子的物质和心理需求；孩子缺乏父母照顾；家庭气氛紧张，家庭环境差，父母分居或离异，父母死亡，孩子居无定所；在一些关键问题上父母观点不一致或者存在严重冲突；父母对孩子的成功抱有较高的期望，给予孩子较大的压力、教育方法不当等。

家庭外的因素：学校因素是不可忽视的原因之一，学校风气不正、学习目的不明确、学习没有兴趣、学习压力过重、过分强调分数而忽视心理健康、学校气氛活泼不足严肃有余、老师教育方法不当。

社会因素：城市化和现代化步伐增快，电影电视内容的影响，电子游戏的引诱，世界观、人生观和价值观的改变，社会道德规范的削弱等。

注意力不集中/多动症需要做些什么检查？

(1) 智力测验

注意力不集中/多动症孩子的智力多在正常水平或处于边缘智力水平（总智商在70～90之间）。35%的注意力不集中/多动障碍孩子表现为言语智商和操作智商的发展不平衡，以操作智商优于言语智商为多。换句话说，注意力不集中/多动症孩子言语智商受损更明显。持续性多动的孩子智商受损明显多于境遇性多动孩子。

以注意缺陷为主的孩子在记忆-注意因子分上也会体现出来，而记忆-注意因子主要负荷于韦氏儿童智力测验的算术、数字广度和译码三个分测验上。这三个分测验的得分明显低于平均值或低于其他分测验，也提示孩子在记忆-注意方面存在缺陷。

(2) 注意力测验

纯粹的注意过程很难测定，在实际研究和临床实践中，注意过程往往伴随认知活动的进行。因此，在认知活动中测验注意过程的方法较多，如划销试验、持续操作测验、威斯康星图片分类测验以及电脑化的各种测验方法都已在临床上得以应用。

(3) 社会适应能力

社会适应能力是指在自然环境下，个体实际应用认知功能和表现社会功能水平的能力。社会适应能力的评估是为了弥补只重视抽象认知能力的智力测验的不足而设计的，以"儿童适应行为评定量表"来说，它评定的内容包括感觉运动、生活自理、语言发展、个人取向、社会责任、时空定向、劳动技能和经济活动8个分量表，独立因子、认知因子和社会自制因子，最后评定出适应能力商数。

注意力不集中/多动症孩子在社交活动中往往缺乏控制力、行为鲁莽、冲动、违犯游戏规则或社会准则。行为的结果往往表现为适应困难，在家里与亲人闹矛盾，难以照顾，在学校学业成绩差，不遵守纪律，与同龄人的交往中表现为人际关系差和自尊心下降。

用"儿童适应行为评定量表"对注意力不集中/多动症的评估结果显示，注意力不集中/多动症孩子适应能力商数、独立因子、认知因子、社会自制因子和多数的分量表得分都比普通孩子低得多，提示注意力不集中/多动症孩子在自然社会环境中对社会活动的认知和进行社会活动的能力不足。男孩子在个人取向和社会责任方面的功能受损更大。因此，社会适应能力的培养和训练是摆在注意力不集中/多动症孩子面前的一大任务，要靠家长、老师、与孩子接触的人的共同努力才能完成。

（4）脑电图检查

脑电图是通过电极将脑细胞群自发性、节律性电活动记录下来的一种电生理技术，大脑皮层的电活动几乎都可以在脑电图上反映出来。

从20世纪70年代开始就有学者对注意力不集中/多动症孩子的脑电活动进行研究，由于研究方法、诊断标准、描记方法的不同，不同研究者发现注意力不集中/多动症孩子脑电图异常率在10%~72.5%不等，主要表现为与年龄不相符的慢波比例增多、波幅增高、频宽加大、左右不对称或调节不佳；显示正常大脑皮层活动的α波所占比例减少，α功率减少；部分患儿显现出阵发性、散在的棘波、棘慢波、尖慢波等。

研究结果显示，注意力不集中/多动症孩子脑电图的异常是一种非特异性的改变，它提示是大脑功能的成熟延迟，而不是大脑损伤的结果，随着年龄的增长，慢波活动有逐渐减少的趋势。

注意力不集中/多动症孩子脑电图异常的临床意义包括以下两点。①慢波增多、快波减少提示大脑皮层觉醒不足，皮层抑制过程发育迟于普通孩子，出现皮层下释放增强，在行为上表现为兴奋、易冲动、注意力不集中。经过服用中枢精神兴奋剂如利他林后，慢波活动明显减少，临床症状得以改善。②前额区阵发性θ波增多，与注意力不集中/多动症孩子注意力不能集中有关；与普通孩子相比，注意力不集中/多动症孩子脑电图频谱明显左移。这两种现象都支持注意力不集中/多动症孩子存在神经系统发育迟缓的假说。在临床上，我们也发现，随着年龄的增长，注意力不集中/多动症孩子的多动行为和注意力不集中现象会有戏剧性的改善，从而支持了注意力不集中/多动症孩子存在神经发育迟缓和大脑皮层觉醒不足的观点。

注意力不集中/多动症有性别差异吗？

男女儿童在注意力不集中/多动症的患病率、临床特征方面有明显的差异。国内外的研究显示，男女儿童多动症的患病情况不一样，男性注意力不集中/多动症孩子明显高于女性，男女之比约为6∶1～9∶1。随着年龄的增长，男性注意力不集中/多动症的患病率迅速下降，女性注意力不集中/多动症的患病率则相对稳定。

一般来说，男女注意力不集中/多动症孩子共同的临床特征是：注意力不集中、极易分心、活动过度、情绪和行为的冲动性，伴有感知觉和认知功能缺陷，学业成绩和社会功能差，精细运动不协调，父母受教育水平低。

实际上，男女注意力不集中/多动症孩子在临床表现上的差异是：女性注意力不集中/多动症孩子多动程度较轻、伴随的品行问题较少、外化行为（如攻击行为、违纪行为）发生率低，但往往有智力受损。

对造成男女差别的理论有以下几方面。①围产期的因素：认为男性胎儿比女性胎儿在围产期更容易受到损伤。②社会文化因素：认为社会和文化背景鼓励男孩参加体育活动和类似的娱乐、游戏，这就造成男孩活动量较女孩大，活动范围也较女孩广，而女孩只限于从事较安静的活动，称为"与性别相关的社会学习强化行为"。而且，男孩的多动行为与母亲的严肃、不满、无同情心和惩罚严厉等性格有关，而女孩则未发现这种关系。③遗传的多基因多阈值学说：认为注意力不集中/多动症是多基因遗传，而弱势性别（女性）在遗传倾向上具有较高的阈值点，比男孩有更大的遗传负荷，也就是说要有更多的基因参与才能达到表型表达。女孩的症状更严重、预后更差、家族中罹患其他障碍的成员比较多，也解释了为什么女性一旦患病，症状就比男性严重的原因。

大脑发育成熟后，注意力不集中/多动症状会改善吗？

注意力不集中/多动症孩子的主要障碍是注意力不能集中和活动过多两大问题。从神经生理的角度来说，注意集中过程实际上是大脑对信息的处理过程。正常情况下，个体将通过不同的感觉器官感受到刺激传递到中脑，通过中脑的网状结构再进一步上传分别到达大脑皮层的各个区，通过整合后大脑皮层发出行为执行命令来完成行为活动。在这一个过程中，两个关键的环节是中脑的网状结构和大脑皮层的功能。网状结构可以调节人体对注意的选择，网状结构与大脑皮层联系的兴奋性增加会提高大脑皮层对信息的接受能力，此时大脑就能够集中精力，对信息整合后发出的命令就准确、完整、全面，就是正常的注意和行为过程。反之，大脑皮层因为各种原因不能兴奋起来，对中脑传递来的信息不能接收或接收不完全，大脑发出的行为命令就不全面、不完整，行为就显得多而乱，这就是注意力不集中/多动症。

从神经发育的生理过程来看，额叶在人类高级神经活动的整合和调节中起着重要的作用，额叶功能失调所表现的活动过度、注意力不能集中、情绪不稳定、冲动、做事缺乏计划性在多动症中比比皆是。注意力不集中/多动症孩子前额叶区域神经纤维髓鞘化过程较迟，有些甚至要到青少年期才能完成，这时额叶与其他脑区的联系才会逐渐完善，至此大脑发育才算成熟。在没有成熟之前，一切在前额叶进行的注意过程、行为控制、感觉整合、运动功能等活动都要受到影响。

从临床现象上看，大约80%注意力不集中/多动症孩子的注意力不能集中、活动过多、难以控制的行为到了青年前期就会明显减少或者消失，也就是说大脑发育成熟后，多动症的症状是会改善的。

多动症儿童有哪些睡眠问题？

睡眠问题只是注意力不集中/多动症孩子的一个伴随问题，尽管在美国《精神疾病诊断与统计手册》第5版（DSM-5）中曾将睡眠问题作为诊断多动症的一个指标，但它并不是注意力不集中/多动症的主要症状。虽然不是主要症状，但是在临床实践中睡眠问题确实在影响着每个注意力不集中/多动症孩子，往往因为睡眠质量不好，次日的学习和生活都受到影响。

注意力不集中/多动症孩子的睡眠问题主要表现为以下特点：①入睡困难、失眠、睡眠昼夜节律的改变，即白天容易睡觉而夜晚不容易入睡，早晨难以被唤醒，睡眠时间减少。②睡眠中的不自主运动增多、周期性肢体的翻动增多、梦话比较多。③睡眠中容易出现阻塞性呼吸暂停现象，通常伴有肥胖。④非快动眼期的睡眠障碍、睡行症和夜惊症。睡行症就是在睡眠的过程中突然起床行走，原来被称为梦游症。夜惊症则是指在睡眠的过程中突然出现的一种短暂的惊扰状态。

那么，睡眠问题与注意力不集中/多动症究竟有什么样的关系呢？

一般认为，睡眠问题与注意力不集中/多动症可能有这样的关系。①睡眠问题是与注意力不集中/多动症本身的特殊问题。也就是说，它可能是注意力不集中/多动症特有的症状。②睡眠问题与常发生在注意力不集中/多动症孩子的其他问题，如焦虑情绪、人际关系等有关。③睡眠问题可能是治疗注意力不集中/多动症所用的中枢精神兴奋剂的副作用，在用药的过程中，确实有一部分注意力不集中/多动症孩子会出现失眠、入睡困难等睡眠问题。④睡眠问题也可能与注意力不集中/多动症根本无关，它只是发生在该年龄段儿童和少年的一类而已。

睡眠问题与注意力不集中/多动症的关系仍然是精神医学界探讨的课题之一。

陪注意力不集中/多动症孩子读书会导致什么后果？

孩子在学习时一定要爸爸妈妈陪伴的现象被称为"陪读"。为了让注意力不集中/多动症孩子好好学习，父母亲通常选择陪读。据有关资料显示，父母亲的"陪读现象"在小学生占90%，每天有近一半的父母以"监督""在旁边看书""在旁边做自己的事情"等形式自始至终陪伴着子女。

众所周知，子女教育是父母要面临的重要而具体的问题，也是父母实现对子女期望的主要途径。对子女教育起重要作用的家庭教育方法，或者说孩子在家里的学习方法对子女学习效果的影响。

"陪读"究竟会给孩子学习带来什么不良影响呢？

依赖性增加：父母为了让注意力不集中/多动症的孩子取得好成绩，在孩子每次做功课时都陪读，还逐道题目进行检查。在作业较多的情况下，有的父母亲自替孩子做题目，不耐烦的时候直接把问题的答案讲出来。这样的"监督"不仅不能帮助孩子提高成绩，还会使孩子养成依赖父母的坏习惯。长此以往，会妨碍孩子独立解决问题和自我服务能力的发展。

不利于养成良好的生活习惯：家长和老师要根据注意力不集中/多动症儿童的具体情况帮助他们安排好作息制度，包括起床、吃饭、上学、玩耍、完成功课。尽管孩子不能很好地控制自己的行为，但是他们会努力地按照所定的制度去做。在父母的监督之下，孩子通常会失去自己的主见，一切听从父母的安排，不利于孩子养成良好的生活习惯。

不利于培养坚强的意志：孩子坚强的意志往往是在学习、劳动、生活中逐渐养成的。学习过程是一个克服困难的过程，更是锻炼意志的过程。克服学习过程中的困难，就会使孩子产生成就感，并且孩子会从成就中体会到自己的价值，这种价值会反过来会激励自己的行为。父母在身旁陪伴，往往孩子把困难留给父母。

分散注意力：多数父母认为有自己在旁边陪着，孩子肯定会集中注意力，把精力"全部"投入到学习中。恰恰相反，孩子始终意识到身后有一双眼睛在盯着自己，反而将注意力集中在父母身上，时刻担心自己的行为违反父母的规定，受到父母的责备和批评。这时候，孩子只是做出认真学习的样子给父母看，实际上是在思考其他问题。

增加学习疲劳，降低学习效率：父母往往不考虑孩子学习时间的长短，以自己的标准来要求他们，结果造成孩子注意力不集中、思维迟缓、心烦、自信心不足等大脑过度疲劳现象，学习效率下降。

精神过度紧张：父母的"陪读"对多数孩子来说是一种无形的压力，长期的压力会使孩子出现紧张、焦虑不安、无所适从的情绪，从而产生厌学、被动和退缩行为。

因此，作为家长，要认识到"陪读"不是一种好的教育方法，既浪费时间又浪费精力，百害而无一利。同时，家长要安排好孩子的活动时间，让他们自己去安排学习、活动，发挥其主观能动性，而不是强制他们学习。还要进一步明确孩子学习的目的，学习是积累知识、掌握技术，而不仅仅是为了取得分数，了解孩子在学习过程中出现的问题，想办法与孩子一起解决。

注意力不集中/多动症儿童的家长应该如何做？

孩子在学校上课注意力不集中，小动作多，学习成绩不好，家长被老师在家长会上点名，或者被叫到老师办公室接受询问时，会觉得惭愧，甚至为有这么一个"不争气"的孩子而气愤。作为家长，应该怎么办？

知情：家长要知道孩子的注意力不集中/多动症是一种疾病，之所以在学校出现各种行为问题，并不是孩子的调皮捣蛋，也不是故意与老师对抗。孩子有注意力不集中/多动症，不要觉得羞耻，要向老师讲明情况，取得老师的理解和帮助。让孩子知道注意力不集中/多动症不是自己的错，而是疾病是可以治疗的，不应该自卑、羞愧。

理解：重点放在家庭成员身上，改变家长的教育观点和方法，理解孩子的症状、行为，更要理解他的心情。只有在理解的基础上，与孩子接触，对他面临的问题或困难主动帮忙解决，或与孩子商量解决办法，让孩子发展社会可接受的行为。这主要是利用社会学习理论的技巧，利用阳性强化方法促进良好行为的建立和巩固，并且使不良的对立和违抗行为消退。家长要认识到这种社会学习理论在孩子行为发展中的重要性，并用之于与孩子交往中。

以身作则： 诸如做事三心二意，不遵守社会准则等不为社会所接受的行为，家长要意识到自己的这些行为对孩子的危害性，通过对自身不良行为的改正，给孩子做出学习榜样，使孩子行为发生改变。消除日常生活可能影响孩子行为的因素，增加亲子间的交往，互相理解各自行为的意义，而不是以敌意和对抗的方式进行交往。保持父母教育观点的一致性，要求家庭成员之间相互平等。

治疗： 对注意力不集中/多动症的孩子，要及时进行治疗，在医师的帮助和指导下进行必要的治疗。该用药的时候就要用药，不要因为害怕药物副作用而影响孩子的治疗；该进行心理治疗时要积极配合。

家长应该做到这几件事来帮助孩子纠正注意力不集中/多动症。①帮助孩子系统地整理学校的学习内容和作业，将老师所讲的内容系统回顾一下，将作业与教学内容有机地联系起来。②让孩子搞懂作业的要求，记忆力差、笔误、注意力涣散都会造成作业不能按时完成的结果，而孩子通常会将错就错，谎称作业已经做完或根本没有作业。对这些情况，家长要让孩子理解作业的意义，每天在听老师布置作业时认真记录，作为一项愉快的事情回家完成。③如果觉得老师布置的作业量太大、太繁重，就要和老师商量，依据孩子所能负荷的量制订一个切实可行的计划，以免孩子因为不堪负重而沮丧焦虑，最终完全放弃作业。④注意力不能集中会影响到做作业，要给孩子提供一个安静的学习环境，以免外界各种噪声的干扰。有些孩子在学习时播放背景音乐对改善心情、提高注意力、摒除外界杂音是有帮助的，但不希望将声音播放很大。⑤安排好做作业的时间也很重要。对于年龄较大的孩子，安排时间的主动权应该属于孩子自己，家长只需限定回到家后随你什么时候做作业，但是没有完成作业就不能看电视。⑥临睡前帮助孩子检查作业，对做错的内容加以更改。⑦经常与老师联系，找出孩子作业的缺陷和不足，请老师在学校对孩子有侧重地进行辅导。

药物治疗注意力不集中/多动症能解决多大问题？

（1）药物治疗注意力不集中/多动症的疗效可达60%~80%

中枢精神兴奋剂主要适用于注意力缺陷和明显多动孩子，也有研究认为伴有脑电图慢波活动者效果较好。用药原则是从小剂量开始，早餐后顿服；剂量较大时宜早餐和午餐后分服；根据疗效和副作用调整用药剂量。

服用药物后主要的变化是注意力尤其是主动注意力改善。这时孩子在上课时能安静地坐在座位上，集中精力听老师讲课，不容易受外界刺激的影响。可以使活动量和小动作减少，原来在课堂上进行的无关活动消失了，有效的听课时间增加了，因此，学习成绩也就提高了。这两点正是为什么中枢精神兴奋剂在注意力不集中/多动症孩子受欢迎的主要缘由，甚至有些注意力不集中/多动症孩子服药后会有立竿见影的效果。

由于学习成绩提高，课堂纪律有所改善，孩子的良好行为得到老师和同学们的认可，出现从被拒绝的被动师生关系到被接纳的主动师生关系，孩子的情绪进一步稳定、行为也会进一步改善。这时家长也会从老师处听到孩子行为改善的消息，在家里看到孩子行为改善的表现，在与孩子交往过程中的一言一行就会促使和鼓励孩子可接受行为的进一步发展。这种被接纳感反过来会提高孩子的自信心和自尊心，从而改善与父母之间的关系。

在治疗注意力不集中/多动症的时候，药物治疗只是起到一种基本的改善注意力的作用。学习成绩的提高、师生关系的改善和亲子关系的改善仅仅依靠药物是不行的，要靠语言鼓励、行为强化、正确引导等干预策略的综合运用才能实现。

（2）中枢精神兴奋剂对注意力不集中/多动症的治疗效果是肯定的，副反应也不可忽视

中枢精神兴奋剂常见的副作用有食欲减退、厌食、口干、上腹部不适、胃痛、心悸、血压轻度升高、头痛、失眠、体重下降、易激惹、心情突然改变等。

这些反应多为一过性的或可逆性的，减药或停药后即可消失，如果严格按照医师嘱咐服用，一般不会造成严重结果。

当然，中枢精神兴奋剂也有比较严重的副作用。服用剂量较大或者服用时间不当，会影响孩子的睡眠，多数表现为失眠、入睡困难、烦躁、睡眠浅。大剂量的中枢精神兴奋剂可诱发癫痫和加重抽动症状。因此，对有癫痫病史的孩子禁用，对抽动症孩子慎用此类药物。

一般来说，中枢精神兴奋剂不会造成对血象的影响。

焦虑情绪

孩子的年龄愈小，焦虑的症状就愈不典型，常常以行为障碍为突出表现，甚至拒绝上学等，须注意问孩子的内心体验才会发现明显的情绪障碍。

什么是焦虑情绪？

一辆汽车向你疾驰而来，你担心汽车撞上自己，开始紧张、害怕；看到别人工作上成绩斐然，你担心自己学历不够，担心职位受到影响，又是紧张、害怕；从外部融入一个全新的环境，你担心不被别人接纳，担心受到他人排挤，还是紧张、害怕……

简单地说，焦虑是一切负面情绪汇合所产生的恐惧情绪。心理学家说，焦虑是因为对威胁性事件或情况的预料而产生的一种高度忧虑不安的状态——精神过敏，高度紧张，严重者甚至出现生理和心理功能障碍的程度。

焦虑情绪和洋葱头的皮一样，是有不同层次的。不过，就像是不论哪一层洋葱皮都可以让你泪流满面一样，不论是哪种程度的焦虑，都会对幸福造成影响，让人不爽。大多一般程度焦虑情绪者，会有痛苦、担心、嫉妒、报复等情绪，而且还会对自己产生怀疑。有严重焦虑情绪者则往往非常激动，非常痛苦，常喊叫、做噩梦，有报复心极强、食欲不振、消化和呼吸困难、过度肥胖等症状，而且容易疲劳。最严重的焦虑情绪者，生理会受到影响，如心脏加速、血压升高、呕吐、冒冷汗、精神紧张、肌肉硬化。

儿童期情绪障碍的特殊行为表现各有不同，但有一些相同的特征。大多数临床学家认为，明显的焦虑是儿童期焦虑情绪的主要表现，这些儿童比其他儿童显得更为苦恼、不愉快、易激动、害怕，或者表现为躯体功能失调。

由于孩子是一个正在发育的个体，许多孩子情绪障碍似乎是情绪发育阶段的突出化，还不完全构成十分肯定的质的异常。孩子的年龄愈小，焦虑症状就愈不典型，常常以行为障碍为突出表现，如多动不宁、发脾气、摔东西、无故哭闹、打人、自伤、学习成绩下降，甚至拒绝上学等。出现这种情况，家长须注意问孩子的内心体验才会发现明显的情绪障碍。儿童的焦虑常常多种症状同时或交替出现，如强迫与恐怖、恐怖与焦虑、抑郁与焦虑等，有时3种以上的症状混合或交替出现。

对儿童期情绪障碍的随访研究发现，多数儿童情绪障碍患者到成年期表现正常，但也有40%～50%成年期表现神经症性障碍、人格障碍或其他精神疾病。

什么是考试焦虑症？

从心理学角度看，考试焦虑是回忆受到了紧张情绪的干扰。学生在考试时往往由于担心自己考不好会影响升级升学，甚至怕影响个人的前途和命运，这些杂念及由此而引起的情绪波动和紧张心情实际上给孩子造成了压力，阻碍了孩子回忆的正常进行。紧张心情和情绪波动之所以能起干扰作用，从生理机制方面看，是大脑皮质上的神经活动过程产生了负诱导，引起了抑制，因而妨碍了回忆。

原来人脑的活动有一种叫做"相互诱导"的规律，当大脑皮质的一个区域里产生出一个兴奋中心后就会引起（或加强）其他区域的抑制状态（负诱导）。"怯场"或"晕场"现象正是大脑皮质神经活动过程相互诱导规律的表现。

学生在考试中产生情绪波动或紧张心情时，大脑皮质上即出现一个与之相应的优势兴奋中心，由于这个优势兴奋中心的存在，按照神经过程相互诱导的规律，使储存信息的那部分大脑皮质出现了抑制状态，以致本来很熟悉的知识也回忆不起来了。由这种诱导引起的抑制，又会按照相互诱导的规律反过来增强着大脑皮质上与情绪波动相联系部分的兴奋（正诱导），因而使情绪波动更趋激烈。如此循环往复，使整个大脑的联系系统的化学变化发生混乱，直至最后抑制发展到超限的程度而引起"晕场"（休克）的严重局面。这就是考试焦虑。

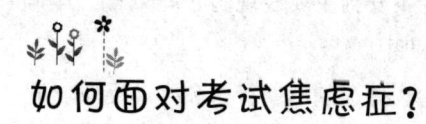

如何面对考试焦虑症？

有考试焦虑症的人，对考试结果不确定性非常担忧，总会想要是失败了怎么办。事实上，考试焦虑当中有很多的因素，有一种因素就跟人的性格有关，我们把他叫做悲观主义者，如果一个人只有极小的可能考不好，但通常他忽略极大考好的可能，看得多的是那10%，所以他总是很悲观。通常这样焦虑的人，对其他事情也会很悲观，对他来说，快乐是暂时的，烦恼是永远的，这是跟他性格有关系的。考试焦虑，可能跟个人的失败经验有关系，就是以前的考试当中失败了，比如说有人在考试失败了，上不了重点中学，这就使得他对这个考试有相当多的焦虑。还有一方面是孩子出现考试焦虑的原因，就是来自我们不合理的期望，可能是家长的，可能是老师的，可能是自己的。所说的不合理的期望就是指，孩子的愿望和他的能力相差比较远，比如孩子的能力只能上普通学校，家长却强迫他上重点，这就有差距了，无形中就给了他压力。所以基本上来说，考试焦虑就是来自这几个方面的原因。

遇到这个情况怎么办呢？

第一，深呼吸，反复做3～5次深呼吸可以起到一定作用。

第二，考试时看到一片空白，眼睛盯着这个题看，尝试把它念出来，就是定定神，基本上就可以了，把卷子浏览一下也是可以的。但是最好的办法就是，事先想好对策。比如说很有可能在考试当中头脑一片空白，出现这个情况怎么应对。

第三，家长要把自己的情绪解决好，因为孩子的很多压力来自家长，所以家长需要把包袱卸下来，孩子考完就了事了。这样一种心态对学生会好一些。

什么是儿童广泛性焦虑障碍？

儿童广泛性焦虑症是一组以持续的恐惧与不安为主要表现的心理障碍。其病因包括多种因素，主要是生物学因素和社会心理因素。

儿童广泛性焦虑症表现为主观的焦虑体验、外显的不安行为和生理反应。不同孩子，三方面的表现程度不一样，或以其中的一种为主要的临床形式。

焦虑体验： 孩子表现为过分地、广泛地担心自己的社交、学业，最常见的是担心考试成绩不好。

不安行为： 年幼的孩子由于语言发育尚未完善而难以很好地表达他们的不

安或恐慌，表现为爱哭闹，不安，易烦躁，不愉快，不易安抚，给人们的感觉是"麻烦孩子""难照看难抚养的孩子"。学龄期孩子可表现为上课不安，坐不住，烦躁，过分敏感，多虑，易和同学、老师发生冲突。

生理反应：儿童焦虑的躯体症状包括不安、疲劳、注意力不集中、激越、肌肉紧张、食欲下降、睡眠障碍、排泄习惯紊乱。还常伴有胸闷、心悸、呼吸加速、血压升高、多汗、口干、头昏、恶心、腹部不适、四肢发凉、便秘等。甚至有的孩子可能出现濒死感。一般年长孩子的症状比年幼儿多，由于孩子对自己症状的表达和描述不如成人丰富，自主神经症状有时可能不突出。

什么是分离性焦虑障碍？

儿童分离性焦虑障碍是指儿童与亲人，尤其是父母离别时产生的严重焦虑反应。心理学家认为，有两类行为与焦虑情绪有关，即依恋与逃避。依恋是出现在"联络成对"的成员彼此被分离时，逃避是儿童与陌生事件突然相遇而产生。与依恋对象分离是引起分离性焦虑的直接原因。

分离性焦虑障碍通常在学龄前发病，特别是儿童与母亲分离时最易发生。分离焦虑障碍表现为恐惧不安、害怕、对亲人的怀念，怕亲人一去不返，怕亲人离开后会出现什么可怕的事情。害怕独自留在家中，不肯独睡，不愿上学等。有时还伴有头痛、恶心、呕吐等躯体方面的症状。

一个8岁孩子，两个月前母亲因工作需要出差三天，以后孩子总怕母亲离开自己，上学、上课不能安心，听课时发呆。中午也要跑到母亲单位去找妈妈。当老师问她上课为什么不安心时，孩子突然哭了起来，说："想找妈妈，怕妈妈走了。"后来发展到不上学，一步也不离开母亲，怕母亲离开自己。母亲多次保证不会离开，孩子仍不放心，怕母亲欺骗自己，后由母亲陪同到心理专科门诊治疗，两周后痊愈，未再复发。

儿童分离性焦虑以综合治疗效果较好，对孩子首先要进行支持性心理治疗，消除其顾虑及一些不利的因素，对年长的孩子可进行松弛疗法及生物反馈疗法。同时，可给予小剂量的抗焦虑药物，以苯二氮䓬类药物的治疗最为理想，但必须在专科医生的指导下应用。

什么是儿童社交焦虑障碍？

儿童社交焦虑障碍，指孩子持久地害怕一个或多个社交场合，在这些场合中，孩子被暴露在不熟悉的人面前，或者被其他人过多地关注时出现焦虑反应。

学者对于社交焦虑的发病因素有不同的解释。从遗传因素上，通过对双生子、寄养子研究显示，不恰当地害怕社交是可以遗传或部分遗传的。另外，神经生化研究发现，5-羟色胺神经递质失调与社交恐怖有关。据研究显示，孩子的父母较普通孩子的父母对子女缺乏情感温暖、理解、信任和鼓励，但他们却对子女有过多的拒绝、惩罚、干涉和过度保护。一般认为，过多拒绝式的教育与孩子害怕被否定的社交性焦虑产生有关，孩子具有"过分关心他人评价，害怕被否定和渴望被尊重"的认知心理特征。较少得到父母的情感温暖、同情、赞扬及受到过多惩罚、干涉和拒绝的孩子，特别关心他人评价及渴望得到赞许和被承认。然而不幸的是，这类孩子一方面非常渴望得到他人的赞许；另一方面又对从他人得到赞许的期望度很低，结果导致对他人评价的忧虑。

社交焦虑有这样的具体表现。①对社交场合和与人接触时的恐惧：害怕大家在公共场合注视自己；害怕当众出丑，使自己处于窘迫或难堪的状况；害怕对象是一个或几个社交场合，甚至是广泛的社交场合，最常见的是害怕当众讲话、表演、参加聚会、与有威望的人交往。②有时怕"见人脸红"被别人看见，或坚信自己脸红已被他人察觉，故而焦虑不安；有时害怕在社交场合下会晕倒等以致回避社交。有的孩子怕看别人的眼睛，怕跟人家的视线相遇。怕人家看出他表情不自然，或者感到别人的目光很凶恶，或者从别人的眼光中能看出别人对他的鄙视、厌恶甚至憎恨。③还有极个别有社交焦虑障碍的孩子害怕自己的眼光会伤害别人，至于用眼看人怎么会伤害别人，孩子却无法自圆其说。

社交焦虑障碍的孩子有回避行为，常常拒绝或不愿去自己害怕的场合，不参加集体活动、体育课、上课不发言。他们存在自我轻视的认知，非常自卑，认为别人会拒绝自己。如果勉强去孩子害怕的场合，由于认知水平有限，孩子很难清晰地表达他们地感受，常常表现出过分地纠缠父母、尾随父母、寸步不离，或哭喊、发脾气、生气、冷漠。孩子出现在焦虑场合时，会出现明显不安，伴有出汗、面红、心悸、震颤、头痛、腹泻、尿频等躯体焦虑的表现。

儿童焦虑障碍如何实施心理治疗？

更替反应法：心理学家认为，焦虑症既然可以由不良的更替反应形成，相应的也应该可以用良好的"再更替反应"加以消除。更替作用是指以一个良好的行为反应来代替他原来的不良行为，使已形成的不良行为习惯加以革除的过程。如有人产生了在集体场合的活动中发生面红语塞的"卡壳"不良行为反应，可以主动教他在其他集体场合练习语言表达，让他每天向全班小朋友交代卫生保洁要求；让他当天气预报员，每天向大家预报当天的天气情况……这样就可以逐步消除由于过度紧张而发生的语言表达上的"卡壳"不良行为反应。

放松训练法：消除孩子紧张情绪。运用放松法时要选择简单可行又能使孩子感兴趣的形式进行。如下午把孩子从幼儿园接回家，家长和孩子坐在一起，听听优美舒缓、动听的音乐或孩子平时喜欢听的儿歌。夜幕降临后，和孩子一起躺在草地上看星星，享受着拂面的微风、草地的清香以及露珠轻轻落在肌肤上的清凉惬意……

家长的榜样：家长要加强自身个性的修养，为孩子树立一个好的榜样。有关专家证实，一个人的儿童时代和少年时代是最喜欢模仿的时期，而模仿的对象往往是家人。父母的敏感、多虑、缺乏自信等一些焦虑人格的表现常常在孩子身上反映出来。因此，家长要注意加强自身个性的修养，如遇事沉着、冷静，做事自信、果断，不要遇到一点意外就大惊小怪。平时要不断进行自我反省，如果发现有些性格方面的问题，应首先进行有意识的纠正，不要在孩子面前表现出来。

正确的教育方法：促进孩子正常发展。首先，教育爱抚孩子要适度，不能对孩子娇生惯养、百依百顺和对孩子包办代替，这样易造成孩子任性、自私或过分依赖，见困难就退缩，遇挫折就气馁。其次，不要过分苛求孩子。在对孩子的要求上，不求孩子第一，但求孩子努力，不要给孩子过大的心理压力和过强的精神刺激。在处理孩子的问题时，多以鼓励、信任、和蔼的语气，给孩子创造一个和谐、愉快的生活学习环境。

培养良好的个性品质，提高孩子社会适应能力：要注意加强对孩子进行个性锻炼，努力克服其性格上的弱点和缺陷，培养活泼、开朗、宽容、坚毅等优良品质，并教孩子学习正确的交往技能。如利用节假日带孩子走亲访友，为孩子提供与不同成人、不同孩子进行不同形式交往的机会；鼓励引导孩子建立自己的交往圈子……这些都能使孩子从中学会处理冲突、控制自我、同情并接纳他人的方法。培养孩子独立的个性，以及与人合作的能力，让孩子感受生活在同伴中的愉快和满足。

抑郁症

儿童抑郁症的患病率在0.5%~2.5%，青少年抑郁症的患病率在2.0%~8.0%。心境恶劣障碍在儿童中的患病率为0.6%~1.7%，在少年中的患病率为1.6%~8.0%。世界卫生组织和联合国儿童基金会（2001）的资料显示，儿童抑郁症的患病率为3.8%，青少年抑郁症为8.3%。

儿童也有抑郁症吗？

可以肯定地说，儿童和成人一样可以罹患抑郁症，只是表现出的症状与成人抑郁症相比，差别较大。有些孩子表现为情绪低落，有些孩子表现为焦虑或恐惧，有些孩子表现为行为问题。在临床上，如果关注孩子的症状，对孩子进行一对一的定式问卷检查，会发现更多存在抑郁风险的孩子。

儿童抑郁症不同与孩子的悲伤和不高兴不同，孩子的不高兴和悲伤往往有诱发因素，所表现出来的情绪反应与诱发因素有关，经历时间短暂。儿童抑郁症是抑郁情绪与负性思维模式、兴趣丧失、躯体症状例如动力缺乏、睡眠减少的共同存在。与表现在成人抑郁症的三低症状"情绪低落、思维迟缓和意志行为减少"不完全一样，儿童抑郁症的表现更不典型。

由于儿童抑郁症在很多方面不同于成人抑郁症，儿童抑郁症本身的特征和界限也不清楚。因此，要用发展的观点来看待儿童抑郁症。①儿童抑郁症的发作形式多样，抑郁情绪不典型，常常表现出悲伤和愤怒的混合情绪。②孩子的认知发展尚不成熟，负性思维特征不突出，例如抑郁症常见的罪恶感在儿童就不突出。③如果采用成人的诊断标准去诊断的话，则要求孩子不仅要有抑郁的体验，而且能用语言准确地把情绪体验表达出来，这些孩子均做不到。

儿童抑郁症的患病率在0.5%～2.5%，青少年抑郁症的患病率在2.0%～8.0%。心境恶劣障碍在儿童中的患病率为0.6%～1.7%，在少年中的患病率为1.6%～8.0%。世界卫生组织和联合国儿童基金会（2001）的资料显示，儿童抑郁症的患病率为3.8%，青少年抑郁症为8.3%。

儿童抑郁症的基本特征是什么？

情感障碍：表现为情绪低沉，不愉快、悲伤，哭泣，自我评价过低，不愿上学，对日常活动丧失兴趣，什么都不想玩，甚至想死或企图自杀。有的孩子表现为易激惹，好发脾气，违拗，无故离家出走等。

精神运动迟滞：表现行为迟缓、活动减少，行为退缩，严重者表现为类木僵状态。儿童抑郁症可能以行为障碍为突出症状，如不听从管教、对抗、冲动、攻击行为或其他不良行为。第10次修订本《疾病和有关健康问题的国际统计分类》（ICD-10）将这种既有抑郁症又有品行问题的现象为抑郁性品行障碍。

思维、言语障碍：思维迟钝，低声细语，言语减少，语速缓慢，自责自卑，年龄大的孩子可有罪恶妄想。

躯体症状：常诉述各种各样躯体不适，如头昏、头痛、疲乏无力、胸闷气促、食欲减退、睡眠障碍等。

儿童抑郁症临床表现是以情绪抑郁为核心症状，但患儿除了情绪抑郁外，往往表现为活动过多、逃学、攻击行为等。默里（心理学家）认为儿童发生睡眠障碍、社交退缩、死亡恐惧、攻击、逃学行为、躯体症状和广泛焦虑，就是抑郁症的表现。抑郁症孩子描述自己的主要情绪是悲伤、暴怒或烦恼。如果一个孩子的情绪或行为发生急剧变化，会很容易识别，但有些孩子长时间情绪低落或易激惹反而容易被忽视。随年龄增长，抑郁症孩子多见的症状有愉快感缺乏、妄想、精神运动迟滞、无望感、嗜睡和昼夜节律改变。随年龄增长，抑郁症孩子较少见的症状包括躯体主诉、听幻觉、缺少自尊、悲伤表情。有些症状在各年龄段分布相似，如注意力下降、情绪低落、失眠和自杀观念。自杀观念在各年龄阶段出现频率相似，但青春期前的孩子自杀死亡的比例非常低。

儿童抑郁症有哪些心理治疗方法

消极的思维在青少年抑郁症中非常常见。对成人的研究显示，认知行为疗法可以使抑郁症患者减少复发，阻止抑郁症的循环发作。

认知行为疗法要教会孩子新的应对问题的方式和不同的思维方法，减少惩罚性的态度和自责，并使孩子建立积极的认知方式和提高其社会技能，从而使孩子发生情绪和行为上的改变。认知行为治疗和支持心理治疗的对比研究发现认知行为治疗效果明显。

集体治疗重点在于提高社会技能和社会学习来减少抑郁症状。一项叫做"应对少年抑郁症"的治疗方案，就是应用课堂的形式进行，包括有计划的社会学习任务和家庭作业。虽然并不是每个抑郁症的孩子都愿意参加这样的治疗，但参加治疗的孩子比那些未参加治疗者病情明显地改善。

强迫情绪

强迫情绪是指那些明知不合理、不必要，却不能摆脱的过度担忧。然而并不是所有的强迫情绪都意味着患有强迫症。每个人都可能经历这样的时刻，尤其是那些做事要求完美，又对自身道德要求颇高的孩子，"强迫情绪"恐怕早已成为他们的"老朋友"了。

什么是强迫情绪？

在我们身边有这样一群孩子：他们总是担心自己会说错话、担心自己会伤害别人、担心自己做出不道德的事情；抿一下嘴唇，想起刚才不小心碰过铅笔，于是反复想自己是不是感染了细菌，会不会"铅中毒"，虽然事实证明身体无恙，但孩子却从此惴惴不安，不能释怀。这就是我们所说的强迫表现。这种明知不合理、不必要，却对某一事物不能摆脱的过度担心称为强迫情绪。伴随着这样的担心，孩子有时会回避一定的场景，如看到"出殡"，孩子就会感到无法控制的厌恶和恐惧，明知没有必要，仍然极力回避，这种恐惧-回避的行为称强迫性恐怖，是强迫情绪常见的表现形式。

强迫情绪是正常的，任何一个人，不管成人还是孩子都有这样的表现，如果强迫情绪引起的行为比较明显时，就会出现强迫行为。孩子的强迫行为表现多数是反复折叠手绢，跳格子走路，沿着路沿走，睡觉以前把鞋子摆成一排，等等。

儿童强迫症的表现主要包括强迫观念和强迫行为两方面的内容。

强迫观念是指持续反复的想法、冲动或者画面，它们往往是闯入性的、不合时宜的，并且是使人痛苦的，而且它们并不仅仅是对现实问题的过度担忧而已。强迫观念包括强迫思想、强迫意向，以及之前所提到的强迫情绪。

强迫行为是反复重复的行为，它可以是一个简单的动作，如听到"3"就一定要跳一下，洗手时一定要打3遍肥皂；它也可以是一个烦琐的、复杂的过程，如同一个既定的仪式，像电脑程序一样，只有在上一个程序结束后才能进入下一个程序，任何一个程序受到干扰，那么这个过程就"必须"从头再来。

实际上，强迫情绪具有两个特点。①情绪是"自我"的，孩子会形容这些情绪体验是属于自己的，出于自己的感受，并不是他人所强加的，这一点就与"情感强加体验"相区别，而强加的体验往往是精神病的表现。②情绪是"冲突"的，一方面有强迫情绪的孩子感到这样担心是没有必要，只会伤害自己，另一方面，他们没有办法克制自己的这种担忧与恐惧。

有一些孩子会有其他的一些表现，比如他们不停地洗手，洗一次手要用掉整整一块肥皂；离开学校后突然想起作业本"可能"落在课桌里，于是一共回去"查看"了3次；觉得"1+1"为什么一定等于2，等于3不好吗？无论是重复动作，反复核查还是无缘无故地穷思竭虑都是一种强迫的表现，具有与强迫情绪同样的特征，是不同形式的自我"挣扎"。

儿童强迫症有哪些特点？

看待孩子永远都不能像看待成年人那样，因为孩子处于特定的生命发育时期，无论是生理（身高、体重、性特征）还是心理（语言、情绪、认知、能力）的发育都处于逐步成熟和完善的过程中。因此，孩子的情绪分化还不完善、不清晰，对自己的情绪感受很难清楚地用语言进行描述和表达。

儿童强迫症最主要的特征在于具有鲜明的年龄特点，与儿童的生理心理发展阶段相一致。比如学龄前的孩子会不停地想"为什么'妈妈'要叫'妈妈'，不能叫别的"；长大一点孩子会担心"空气中有细菌，我会不会得病"；上了学孩子发现自己总是要把今天上课的内容回想一遍，如果有人打断就"很不开心"，就意味着读书会"不好"，因此就发脾气。儿童强迫症的表现总是与这一年龄段的基本心理特点相一致。

儿童的强迫症状有局限性，受神经系统发育不成熟的限制，年幼孩子习惯用具体形象思维来表达自己的想法，抽象思维和言语表达能力薄弱，因此有人认为年幼孩子强迫思维不显著，而强迫表象和复杂的仪式动作更突出，就是由于孩子还没有发展出相当的抽象思维能力。随着年龄的增长，强迫症状也会逐渐向成人接近。

孩子的认知水平有限，对事物的认识也没有成人那么理性，有时甚至会出现一些奇异的想法，加上他们不能把自身真实的想法表达清楚，别人的问话也可能让他们感到不解，因此非常容易与儿童精神疾病的症状相混淆。例如当孩子急于要达到某个地方时，他们会说"有一把（飞天）扫帚就好了"，对一个成人来说

强迫情绪 | 181

并不能理解，其实，在孩子眼中就像哈利·波特一样容易。童话、传说甚至是游戏中的人物，对孩子来说如同现实一样真实，甚至能构成生活的全部。如果不能理解他们，就可能造成误诊。

　　有这样一个例子，陈思是一个多动的孩子，但是天生聪明的他从小学一年级开始成绩就名列前茅，直到中学，他发现老师说的，自己越来越听不明白，成绩也越来越差。有一次，张成无意间从他身边走过，陈思突然觉得就是张成把"晦气"带给了自己，让自己的成绩下降。从此，他一看到张成从身边走过，就赶快把张成碰过的地方洗一遍，把"晦气"洗干净。

　　"晦气"是迷信的说法，成人当然不能理解，但是陈思却是典型的"强迫症"，他利用清洗的过程减低了自身对成绩下降的恐惧，如果他的"奇异想法"无限扩大，陈思就很难被他人理解了。

　　对自己疾病没有认识能力，医学的专业术语是自知力缺乏。这一特点也是与孩子的认知发展水平有关，他们缺乏自我洞悉以及对自我症状的认识能力，对强迫症状带来的痛苦体验不深刻，主动求治或寻求帮助的愿望就不强烈。相对应的，儿童强迫症的孩子缺乏反强迫意识者更多。

　　有学者的观点认为，儿童强迫症的症状没有特异性，也有观点认为儿童和少年强迫症状表现更复杂，如强迫表象、强迫触摸、强迫询问、仪式动作等形式更多，花样更多。

　　孩子的强迫仪式中把家庭成员牵涉在内的发生率更高。强迫症孩子常常要求父母反复回答一些毫无意义的问题，答案是预定的，直到回答满意为止。这种家长的高度卷入，原因在于儿童的生活环境相对于成人来说更狭窄，他们可以控制的范围有限，而孩子本身的能力也有限，要独立达到一定的目的存在困难，因此需要家人的加盟。如果换一种角度来看，儿童强迫症家庭成员的高度卷入性也体现了症状的功能性，通过一定的强迫模式，孩子达到了对家人的控制，或者通过这样的控制行为达到了"反控制"的目的。

　　儿童强迫症的共病（同时还有其他心理问题或疾病）较多，伴有更多不典型的症状，这些问题可以概括为内化问题和外化问题。内化问题包括不典型的焦虑、明显的恐惧感、更多躯体主诉。外化问题常见的有注意缺陷多动障碍、品行问题、攻击行为。一种突出的表现是，孩子在完成强迫行为或强迫仪式时，如果父母亲不能配合参与或无法确切（按照孩子的意愿）完成时，孩子常常出现烦躁、坐立不定、浑身不适，甚至打骂父母。

强迫症状有正常的吗？

小明平时学习成绩一直很好，在一次数学考试结束后，轻松地离开了考场，他对这次考试的过程很满意，心想应该又能得第一。但是一出教室就偶尔听到了同桌说有一道题目设下的"陷阱"，害得自己差点"上当"。小明心中一沉，知道自己已经错了一道大题。此后的几天，他惴惴不安，明明知道只有一道题目错了，不会有太大的问题，但是总是要想这次肯定"考砸了"，说不定已经"不及格"了。几天后，成绩下来了，小明仍然是第一名，这才让他放下心来。

强迫情绪是指那些明知不合理、不必要，却不能摆脱的过度担忧。然而并不是所有的强迫情绪都意味着患有强迫症。每个人都可能经历这样的时刻，尤其是那些做事要求完美，又对自身道德要求颇高的孩子，"强迫情绪"恐怕早已成为他们的"老朋友"了。在孩子道德发展的重要时期，也会较多地出现担心和恐惧，担心没有做到"规定"的那样，担心自己的行为"妨碍"了别人。两者相比，强迫症的强迫情绪更为固着，尤其是在现实证据已经比较充分的前提下，强迫症患者也不愿放弃，反复的强迫情绪阻碍了孩子的正常成长进程；而正常人的强迫情绪，往往出现在焦虑的背景下，是有现实指向的，并不显得那么固执，一旦现实的因素撤销，强迫情绪自然消除，对个体的成长不会造成严重的影响。

那么，什么样的强迫情绪是正常的呢？

一般来说，每个人情绪或行为都或多或少有一些强迫的色彩，只要是他的强迫情绪或强迫行为没有影响到他的日常生活、学习，我们就说他的强迫情绪或行为是正常的。从时间上来说，强迫情绪或行为不超过6个月，也认为是正常的，如果超过了6个月，也影响到生活和学习了，就要考虑可能是强迫症了。

在孩子的不同发展阶段中，我们常常还能观察到孩子这样或者那样的"强迫"行为，这些行为主要以重复行为和仪式化行为多见。将枕头或被子叠放成某种形状，按一定顺序洗漱，一定要把衣服和鞋子放在固定的位置，偏好对称（如两只手分别各拿一个玩具熊），对玩具和衣服上的小瑕疵的十分注意（如因袖子上的小线头而感到不安），喜欢以一定的次序安排事物（如坚持不同的食物在碟子上不能互相碰到）。这些童年期行为不仅具有一定的年龄分布特征，而且还具有普遍性特征，是每个孩子都可能经历的过程。这些都提示我们应当从生理的角度来讨论其中的意义。

这些"强迫"行为与强迫症的区别在于行为具有阶段性、自限性、变化性，并没有强迫症症状那样固着，不可改变；行为本身并不阻碍孩子的正常生理、心理发育。孩子通过这些行为获得安全感而非痛苦感，增加了掌控感而非焦虑感，增长了继续探索世界的勇气而非退缩不前。

如何对强迫症儿童实施心理治疗？

心理治疗是用于儿童心理问题和儿童精神疾病的主要治疗手段，尤其对于儿童的情绪障碍，心理治疗的地位更加不容忽视。对儿童抑郁症治疗的研究发现，轻中度儿童抑郁症患者，心理治疗是最有效的手段，其有效率优于药物的效果，因此应当作为首选。

认知行为治疗（CBT）被认为是目前重要的强迫症心理治疗手段，甚至有人认为这一治疗手段是唯一有效的。

在关于疗效的研究中，美国强迫障碍治疗小组将112名儿童青少年门诊患者随机分为4组，分别给予为期12周的认知-行为治疗、舍曲林、认知-行为治疗联合舍曲林及安慰剂治疗。结果发现，认知-行为治疗、舍曲林以及两者联合治疗的效果显著；联合治疗的效果（缓解率为53.6%）更高于单一采用心理治疗（缓解率为39.3%）或舍曲林治疗（缓解率为21.4%），而心理治疗和药物治疗的效果在统计学上是相似的，由此可见药物和心理治疗具有同等肯定的治疗效果。

儿童癔症

在有心理社会因素作为诱因，并且就医检查后排除了一切相关器质性疾病的情况下，孩子出现了上文所述几种类型的分离/转换障碍的典型症状时，就需考虑到儿童癔症了。

争吵之后的"瘫痪"

萌萌今年读小学六年级。作为家里的独生女,她很受父母和爷爷奶奶的溺爱,平时娇气、敏感。一天放学,萌萌和班里的同学吵了起来,谁也不肯相让,都很激动。争吵中,萌萌忽然向后一仰,靠着墙壁缓缓地倒了下去,双眼紧闭,不省人事。过了一会儿,萌萌渐渐"苏醒",发现自己双腿不听使唤,似乎是"瘫痪"了。慌张的同学与老师护送萌萌来到医院,经各项身体检查,结果表明一切正常,最后医生告诉萌萌的父母,她是患了"癔症"。

蹊跷的离家出走

深夜,两位驾车巡逻的警察在路边发现了神情迷茫的女孩小雨,在将其带回派出所再三询问后发现,尽管对警官的询问能够清醒地回答,但小雨对自己的身份却几乎完全没有概念,也不知道自己为什么会在街上游荡。几经周折,联系到小雨的亲人后,警官得知,三天前小雨目睹外婆因车祸去世,虽然自幼与外婆关系非常亲密,但她并未哭闹,对家人的安慰也恍若未闻,只是躺在床上一言不发。妈妈当夜醒来查看发现,小雨已经不见了。据家人描述,15岁的小雨平时性格内向,情感丰富,很听家人的话,从来没有过离家出走这样"出格"的行为。而小雨在见到家人后仍然回忆不起这三天发生了什么,警官将她带到医院做了检查,医生发现,小雨除了饥饿和疲劳之外,身体并没有其他异常。家人与警官被告知,小雨是患上了在青少年中比较罕见的"分离性漫游"。

一桶油漆引发的"谜案"

杨镇中学最近在翻新校舍,大部分班级的墙壁已粉刷一新,走廊里油漆味很重,几位化学老师趁此机会在课堂上跟同学讲述了甲醛的危害。几天后的一个下午,初二某班班长小李发现班级门口打翻了一桶油漆,她立即组织了班里几位同学打扫。当晚,小李出现头晕、胸闷、干咳、乏力等表现,紧急送医后症状加重,家长遂委托同学向班主任说明情况并请了病假。小李生病的消息在班里传开后,参与打扫的几位同学相继出现了和小李一样的症状,纷纷入院。经过仔细的身体检查,小李和几位同学的身体都没有问题。然而,在老师同学前往探视后,几位同学相继出现了看不见东西和不能走路的状况。在做了多项检查排除其他疾病后，医生们认为，这是一次儿童癔症集体发作。

什么是儿童癔症？

前面例子中，孩子们被下了这样的诊断，家长的第一反应通常是迷惑不解：身体上没有任何疾病，那么他们是在装病还是在故意捣乱？医生解除了大家的疑惑：癔症并非装病诈病，也非任性胡闹，事实上孩子对于疾病的痛苦体验是真实存在的，只是这种痛苦来自于心理上的障碍，而非躯体上的病变。

国外精神医学界自1980年以后逐渐废弃了癔症这一病名，代之以转换性障碍和分离性障碍，我国精神病学界目前仍沿用癔症这一概念。

癔症是由心理因素，比如生活中较大的刺激性事件、内心的矛盾和冲突、情绪激动、暗示或自我暗示作用于有一定性格特点的个体引起的心理障碍。癔症主要表现为各种各样的躯体症状，意识状态的改变，选择性遗忘或情感爆发等精神症状，不能查出与躯体症状相对应的器质性疾病损害作为病理基础。

现代医学将癔症根据临床表现分为两个类型。

分离性障碍： 表现以精神症状为主，如案例中的小雨。

转换性障碍： 主要表现为躯体的功能障碍，如案例中的萌萌和小李。癔症好发于女性和青少年。

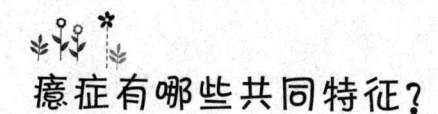

癔症有哪些共同特征？

一般儿童癔症的发作形式不同于成人癔症发作，成人多为歇斯底里大发作，孩子则常以躯体感觉及运动障碍为主，而精神症状较少。因此对于儿童青少年来说，癔症的转换性障碍更为多见。儿童癔症的临床表现具有的共同特点有以下几点。

发作常有明显的心理刺激，首次发作常有外界因素，以后在紧张、心情不好时也可由自我暗示发病。

症状表现无器质性基础，其症状表现不能用解剖、生理等医学知识来解释。

症状变化迅速，不符合躯体器质性疾病的规律，具有夸张，表演性。

自我中心，暗示性强，较成人情绪障碍更为明显，带有明显的表演色彩。常常在家长叙述病史或医生做精神状况检查时，由于受到暗示而当场发作。

分离性障碍有哪些主要临床特征？

分离性障碍是一种急性或渐进的、暂时或持续性的意识、感知、记忆或注意的分离，与躯体疾病或脑器质性疾病无关。分离性障碍的共同特点是部分或全部丧失了对过去的记忆、身份和意识，或具有发泄特点的情感爆发。孩子可以有遗忘、漫游、身份识别障碍和人格状态改变等表现，有些症状具有发作性，当有特定的刺激因素时就会突然爆发。这一类型的孩子患病前一般受到过很明显的精神刺激，尽管孩子本人否认，但在旁人看来，疾病的发作常有利于摆脱困境，发泄压抑的情绪，获取别人同情和注意，或得到支持和补偿。反复发作者，往往通过回忆和联想与既往创伤经历有关的事件或情境即可发病。

分离性身份识别障碍的表现主要是在同一个体上存在两种或以上的不同身份或人格状态，每种人格身份性格和姓名都不同，可以是各自完全独立的，有不同的声音、姿态、面部表情以及各自的思想情感记忆，或者仅有部分独立。各个身份之间可以是意识不到彼此的存在或是互相认识。一般于儿童期起病，我国迄今为止很少出现这一类型。

分离性遗忘主要表现为在觉醒状态下突然出现的不能回忆自己重要的事情，主要特点是记忆丧失，通常是重要的近期事件，不是器质性原因引起，也不能用一般的健忘或者疲劳加以解释。可以是部分性和选择性的遗忘，一般是围绕灾难意外或者亲人亡故等创伤性事件。在不同时间和不同检查者观察下遗忘的程度不一样，但总有一个固定的核心内容始终无法回忆。任何年龄都可发病，但在儿童青少年中较少见。

分离性漫游表现为遗忘和身体的逃走，孩子离开一个在精神上不能承受的环境，在觉醒状态下无目的地漫游，意识范围缩小，常表情恍惚，但基本生活和简单的社交接触依然保持，他人很难在一般接触中看出其言行和外表有明显异常，在清醒过后对整个漫游过程难以回忆。在儿童青少年中可以发生，发病孩子的漫游时间一般持续不长。小雨心理承受能力较差，又目睹外婆去世遭受巨大打击，于是内心强烈的逃避应激环境的愿望促使她发病出走，对离家过程的遗忘和她迷茫的神情都能表明，这就是典型的分离性漫游。

人格解体障碍一般是突然起病然后趋于稳定，孩子感到自身完整性遭到破坏，心理体验与躯体分离，有疏远感、陌生感、丧失感、非真实感等，有的称自己好像处于梦境中，有的则感到躯体的分解。多数这一类型患者知道这些体验的异常，因此会由于持续存在的症状而产生焦虑、恐惧和抑郁等情绪。一般于青春期发病，但临床上较为罕见。

转换性障碍有哪些主要临床特征？

转换性障碍多突然起病，症状表现多样，主要表现为运动和感觉功能障碍，以及其他多种形式的躯体症状，但身体检查不会发现有器质性疾病的体征。一般病情变化比较迅速，孩子起病前常常有一些心理上的冲突或是面临着某些方面的压力。像萌萌的症状就比较单一，仅有运动功能上的问题，而小李和同学身上则同时出现了几种症状的综合。

转换性障碍常见的躯体症状有以下特点。

（1）感觉障碍

感觉脱失：皮肤和黏膜的痛觉、温觉和触觉减退和消失等，有多种表现形式。

感觉过敏：皮肤痛觉过敏，身体某局部剧烈且持续性疼痛。

特殊感官功能障碍：暴发性耳聋、视野缩小、弱视或失明、嗅觉和味觉障碍等。

（2）运动障碍

痉挛发作：发作时徐缓倒地，痉挛发作无规律性；四肢挺直，不能被动屈曲；呈角弓反张状；作挣扎乱动，双手抓胸、揪头发、扯衣服、翻滚、喊叫等富有情感色彩的表现。发作时间一般持续数十分钟。一般意识不完全丧失，发作后能部分回忆。

震颤： 范围可及头、舌、肢体、腹壁等，为阵发性粗大不规则抖动，分散孩子注意力会减轻。

行立不能： 孩子躺卧时双下肢活动正常，肌力良好，但不能站立，寸步难行。

瘫痪： 可为截瘫、偏瘫、肢体瘫痪。对神经和肌肉进行常规检查时却不能查出有肌肉萎缩或神经损伤等病理改变时应出现的体征。萌萌的瘫痪就属于此类，CT、肌力检查以及神经系统检查都提示正常，但她的双腿就是不听使唤。

失音和不言症： 失音者说话时声低如耳语。不言者坚持缄默不语，但笔谈能力完好。若合并有耳聋时称癔症性聋哑症。

（3）反射障碍

腱反射异常、活跃或减弱，偶有咽反射消失。

（4）内脏功能障碍

呕吐： 多为顽固性呕吐，食后即吐，呕吐前无恶心，吐后仍可进食。虽长期呕吐，并不引起营养不良。消化道检查也查不出病变。

呃逆： 呃逆发作顽固、频繁、声音响亮，在别人注意时尤为明显，无人时则减轻。

过度换气： 呈喘息样呼吸，虽然发作频繁而强烈，但无紫绀与缺氧征象。

如何识别儿童是否患上了癔症？

在有心理社会因素作为诱因，并且就医检查后排除了一切相关器质性疾病的情况下，孩子出现了上文所述几种类型的分离/转换障碍的典型症状时，就需考虑到儿童癔症了。

分离性漫游也会有自我身份识别障碍，但不是癔症性多重人格；一般都伴有分离性遗忘，但漫游是其主要的表现。

分离性身份识别障碍所具有的自我身份识别障碍、双重或多重人格等。表现必须无幻觉、妄想等精神病性症状，需要排除分裂症及其相关障碍、情感性精神障碍。

分离体验、分离症状不一定等于分离性障碍，分离体验可以在一定条件下转变为分离症状。而分离症状既可以主要表现于分离性障碍中，也可表现在许多其他精神疾病中。普通孩子在受到情感伤害或躯体疼痛时，常常采取逃避方式，这是一种用于处理重大精神创伤的适应性防御，正常表现为感知暂时变迟钝或消失，可防止其他的精神机能被创伤经历所压垮，只有在分离体验达到一定的程度或同时伴有其他精神症状时才有可能成为病理性分离。

分离性遗忘需要严格排除器质性遗忘，如头部外伤后的遗忘和意识障碍（中毒、癫痫发作，或其他急性器质性障碍）恢复后的遗忘。转换性障碍则需要与许多器质性疾病如多发性硬化、斜颈、脑部肿瘤以及诈病等情况严格鉴别。

造成癔症的原因有哪些？

（1）遗传因素

家族中的高发病率提示与遗传有关。国外资料表明癔症患者的近亲中本症发生率为1.7%~7.3%，较一般居民高，女性一级亲属中发生率为20%。我国福建地区报道患者具有阳性家族史者占24%。这些数据提示，遗传因素对部分患者来说比精神因素更为重要。

（2）精神因素

重大应激事件造成的严重精神创伤，孩子较难承受的负性精神因素，以及持久的难以解决的人际矛盾或内心痛苦等，是引起癔症的重要因素。

转换性障碍的孩子常在一般生活事件中遭到精神创伤而急性发病，如被打骂批评、父母争吵或离异、迁居等。分离性障碍的孩子则多见于经历灾难和重大生活变故的儿童中，如地震、火灾、至亲死亡，长期受虐和罹患严重躯体疾病等。

并非所有人在遭受精神创伤后都会患癔症，只有生理和心理上对焦虑情感比较脆弱的人才有对精神创伤产生应激障碍的风险。小雨这类情感脆弱的青少年本身就很容易对精神创伤敏感，与外婆的亲密关系则让她更加不能承受丧亲打击，因而突然发病；像萌萌这样平时很受骄纵溺爱的儿童对于矛盾冲突通常缺乏承受能力，于是一次激烈争吵就能令她承受不住而发病；小李发病时，刚好赶上期末考试前夕的紧张复习阶段，学业上较大的压力也是促使她发病的一个原因。

（3）家庭因素

分离性障碍与转换性障碍的孩子发病都与家庭环境及父母的教养方式有关。一方面，父母对孩子的过分溺爱、过度保护和过度控制，易使孩子形成任性幼稚、不能正视挫折打击的性格，缺乏应有的承受能力，常常是发病的基础。另一方面，知识水平较低的家庭成长环境，以及父母双方或其中一方的精神障碍患病史或物质滥用史，都是儿童癔症的高危因素。

（4）性格因素

高度情感性：癔症孩子平时情绪偏向幼稚、易波动、任性、急躁易怒、敏感多疑，常因微小琐事而发脾气或哭泣。情感反应过强，易走极端，对人对事也易感情用事。

高度暗示性：癔症孩子很轻易地接受周围人的言语、行动、态度等影响，并产生相应的联想和反应时称暗示。自身的某些感觉不适产生某种相应的联想和反应时称自我暗示。暗示性取决于孩子的情感倾向，如对某件事或某个人具有情感倾向性，则易受暗示。当小李出现症状后，小李的家长非常紧张，在就诊后进行各项检查过程中，家长与小李本人的焦虑情绪逐渐增加，自我暗示作用也越来越强，于是症状越发加重。

高度自我显示性：癔症的孩子具有自我中心倾向，往往过分夸耀和显示自己，喜欢成为大家注意的中心。病后主要表现为夸大症状，祈求同情。

丰富幻想性：富于幻想，其幻想内容生动，在强烈情感影响下易把现实与幻想相互混淆，给人以说谎的印象。

（5）躯体因素

在某些躯体疾病或躯体状况不佳时，由于能引起大脑皮层功能减弱而成为转换性障碍的发病条件。如颅脑外伤、急性发热性疾病、妊娠期或月经期等。

（6）其他因素

有研究提示，分离性障碍的发病还与较强的分离能力及依恋关系有关。与成人相比，孩子的自我是更为分离的，因此增加了孩子发展为分离性障碍的可能性。混乱型依恋的孩子在与母亲分开后的再次相聚中常表现为恐惧、矛盾的接近和逃避行为。混乱型依恋行为被认为是分离性障碍的高危因素，在陌生情境下，其行为表现为杂乱无章，缺乏目的性、组织性、前后不连贯。

癔症的主要心理治疗方法有哪些？

对于儿童癔症治疗，要力争一次治愈，防止症状反复发作和疾病慢性化，迁延一生。

（1）心理治疗

案例中萌萌、小雨、小李等同学的家长都很着急，他们的焦虑情绪对孩子有很强烈的暗示的作用，因此首先要做好这些家长的工作。

避免不良暗示：首先向家长详细介绍儿童癔症的病因、临床表现和治疗方法，解除家长的焦虑情绪，避免其对孩子的过分关注和过多的检查与治疗或当着孩子的面谈论其发作的表现及经过。其次，孩子病情一旦缓解，应及时恢复孩子的正常生活，如学业及体育锻炼等。

合理应对不良刺激：一方面家长要尽可能了解孩子最近遇到的一些生活事件，通过孩子的同学、朋友、老师以及孩子所接触到的人，尽可能多地了解情况，以找到诱发因素（案例中同学之间的争吵，小雨奶奶的车祸去世，化学老师关于甲醛危害的讲解）；另一方面找到诱发因素后，家长一定要冷静处理，切不可感情用事，不可因为要求获得一点点经济补偿，甚至采取诉讼程序等，把孩子卷入诉讼程序会强化孩子的症状。如案例中萌萌的父母如果一直纠缠于萌萌的同学，认为是萌萌的同学造成的，会加重萌萌的症状，进入恶性循环；相反，萌萌的父母应采用忽视法消退孩子的症状。

针对患儿，我们可以采用以下的治疗。

暗示疗法：该疗法特别适用于那些急性发作而暗示性又较高的孩子（如案例中的萌萌）。治疗开始时医生向孩子说明检查结果，用简洁、明确的语言向孩子解释其疾病是由于高级神经活动失调所致的发作性症状，是暂时性的脑机能障碍，并非器质性病变，说明医生即将采用的治疗方法，并强调通过治疗，功能障碍可以完全恢复正常，让孩子对治疗产生高度信心和迫切的治愈需求。案例中的萌萌，存在运动和/或感觉障碍，可使用葡萄糖酸钙或生理盐水静脉推注（非治疗用药），同时配合语言、按摩和被动运动，鼓励萌萌运用其功能，随即用语言强化，使萌萌相信她在治疗的帮助下，失去的功能正在恢复，并进一步鼓励萌萌进行相应的功能活动。

催眠治疗：该疗法是治疗案例中小雨的最好的方法。催眠有助于小雨恢复失去的记忆，催眠治疗后，小雨慢慢开始记得自己去过哪些地方，遇见过什么人，也使小雨了解使之突然进入漫游状态精神内部的应激事件是因为外婆的过世，告诉其可以用更合适的方法宣泄心中的伤心与难过，并使其具有适应性更强的应对功能。

认知治疗：首先矫正孩子错误的认知观念，解释癔症症状的产生是由于心理因素所致，而不是躯体疾病引起。其次向孩子进一步解释其病的根源在于性格缺陷，如个性内向、不爱说话，生闷气胆怯、依赖退缩，最后导致过分关注自己，体验各种感觉，从而产生错误认知。进入新环境后，缺乏适当的应对能力。让孩子最终领悟到可以通过自己主观努力的积极作用，改变自己个性上的弱点。

系统脱敏治疗：该疗法适用于年龄较大的孩子（如案例中的小雨）。系统脱敏疗法使诱发因素逐渐失去诱发的作用，从而达到减少发作或治愈的目的。先让孩子倾诉与发病最密切的精神因素、内心冲突并录音、录像以备用。孩子学会全身放松后，开始脱敏，从播放精神刺激的录音或录像，或让孩子想象那种精神刺激的场面，当孩子稍感紧张不安时，再使其全身放松，如此反复。然后逐渐增加刺激量，慢慢迁移到现实刺激，使患儿逐步适应充满精神刺激的现实生活，正常地工作、学习。

（2）药物治疗

目前尚无治疗癔症的特效药物，主要采用对症治疗。但作为综合治疗的一环，药物治疗可以控制发作，为心理治疗奠定基础。药物治疗也可以控制伴发症状，以减少诱发因素。

治疗癔症的其他方法有哪些？

中药、针刺等治疗对治疗癔症来说可收到较好的疗效，在治疗时如能加以言语暗示，则效果更佳。痉挛发作、朦胧状态、昏睡状态、木僵状态的患者，可针刺人中、合谷、内关穴位，均用较强刺激或通电加强刺激。对瘫痪、挛缩、呃逆、呕吐等症状，以直流感应电兴奋治疗或针刺治疗。对失音、耳聋症等，也可用电刺激、电兴奋治疗。如案例中的萌萌暗示治疗无效时，可以配合这些治疗，加强效果。

癔症很容易反复发作，因此预防复发也是治愈的关键。从癔症的发病原因中，我们可以发现，癔症的发生与遗传、性格特点以及精神因素有关。如果我们不能控制遗传和环境因素，那么预防癔症的关键之处，就是要注意培养孩子健全的人格和良好的应对能力。可以分以下三个角度谈预防。

从父母角度： 萌萌、小雨、小李等家长要注意培养孩子的独立性，减少依赖性，不要以孩子为中心，事事包办代替的自我中心的家庭模式，让孩子独立完成力所能及的事情，逐渐提高孩子的自信心。这些家长，特别是萌萌的家长对孩子不要过分娇宠，要从小进行"挫折教育"，教会孩子正确对待批评和挫折，以增强孩子的心理承受力，逐步提高其对挫折和失败的承受能力，以便其更好地适应社会环境。注意培养孩子广泛的兴趣爱好，多参加学校的文体活动，多与同学接触，一起读一些有益的课外书籍等。让孩子注意劳逸结合，保证充足的睡眠。

从老师角度： 要平等对待每个学生，针对孩子不同的性格特点，为他们提供学习和交往的机会。注意保护学生的自尊心。培养学生的独立性，提高自信心。对学习成绩差、压力重的孩子，要进行正面引导，切不可打骂或变相惩罚，使他们产生自卑心理。

从儿童角度： 萌萌、小雨、小李等都要注意对自己意志品质的训练，注意培养开阔的心胸和脚踏实地的务实精神；注意培养自己的对挫折的应对能力和交往技能。

流行性癔症是怎么回事？

癔症可以在一组人群中"流行"，称癔症的集体性发作，即流行性癔症。这类流行最易在关系亲密的女性群体中发生。起初有一人出现症状，周围目睹者受到暗示发生类似症状。由于对这类疾病性质不了解，群体中常会产生广泛紧张、焦虑和恐惧的情绪，在相互暗示和自我暗示的影响下，使症状在短期内暴发流行。

典型情况是流行首先开始于群体中对躯体疾病威胁有一般了解的个体，或是对某个熟人感染疾病后特别关注的个体，之后其他病例陆续发生，先是在暗示性强的个体中，之后在焦虑气氛影响下，在一些易感性较低的个体中也会发生。症状表现多种多样，发作大多历时短暂。

儿童青少年群体发病常见于中小学生接种疫苗或食物中毒等事件后。作为班长，小李在班里的号召力很强，同学们非常信任她，也很容易被她所影响。在得知小李"生病"后，相似症状首先出现在易感性强的女生身上。随着发病人数的增加，紧张气氛也不断增加，于是在极度紧张之中，易感性低的同学也出现了相似的症状。

流行性癔症的诱发因素有四点。

环境因素导致的癔症发病。如杨镇中学，近期粉刷学校的举动令同学对油漆味道很敏感，化学老师关于"甲醛有害"的言论在一定程度上对小李和同学们产生了暗示，清理油漆的经历很容易让他们将甲醛的危害联想到自身上来，自我暗示在出现了躯体症状后进一步加强。

学校的老师从爱护学生的愿望出发，但由于方法不适当反而起误导作用。如发生在某市的一次接种流行性乙型脑炎疫苗，因接种疫苗后的次日学校要进行期中考试，班主任在班会上说凡接种疫苗后有头痛、头晕的，可以不参加期中考试。请有这些症状的同学举手，结果全班有90%的同学都举手，诉说接种疫苗有反应。实际上接种疫苗后真正有躯体反应的只有2～3位学生。

新闻媒体失实的夸大渲染，在社会上造成的影响，反馈到孩子家长中，家长再不加分析地暗示给孩子，加剧了病情。新闻媒体在缺乏科学依据情况下的炒作，起到了推波助澜的作用。如一组表现为进食后呕吐腹泻等症状的流行性癔症最早被记者以食物中毒报道见诸媒体，当地纸媒和电视新闻大肆渲染食品安全问题，家长在看到新闻后非常恐慌，许多孩子由此受到暗示，病情愈发加重。

不适当的治疗加重了暗示因素，也是引发事态扩大的重要原因。

流行性癔症如何处理？

阻断暗示的传播渠道：是要仔细观察，果断处理，特别是发现首例患者时，如案例中小李出现头晕、乏力等症状后，要仔细观察病情，采取果断措施，及时让小李脱离现场，严禁学生围观和探视，避免相互感染，尽量缩小反应面。尽量避免使用120、110等特种运输工具，以减少恐惧氛围的影响。尽量减少各级各类领导的参与。要尽快恢复正常的学习、生活秩序，减少紧张气氛，缩短"非常状态"的时间，尽快使学习、生活转入正常化，有利于病例症状消失后回到一个安全的环境，不致再发。尽量避免新闻媒体的采访，因为记者在采访过程中，往往缺乏与有关部门的沟通及必要的专业知识，只注重事件的结果而不了解事件的性质，新闻报道难免出现误差并在群众中造成错误的舆论氛围，对事件的发展起到推波助澜的作用。

改变相关个体的认知：要及时选派当地有影响的临床、流行病学专家进行现场调查，并对患者所在地的领导、孩子家长、学校老师，特别是在群体中起"核心"作用的人物，进行心理卫生知识的宣传。有关单位要向孩子家长耐心解释本病发生的原因，答复问题应明确肯定，解除可能有任何后遗症的顾虑。向媒体说明事件的发生过程与处理情况，争取媒体的配合。发病对象的安慰工作，多以积极的心理暗示、正面的榜样来帮助其克服不良信念。

集体心理治疗：选择病情、年龄、文化程度相近似的孩子组成小组，采取多种方式进行。如系统讲解、小组座谈、集体游戏等方式，发挥互相鼓励和暗示的作用，提高医疗效果。

躯体形式障碍

父母是孩子的第一任教师,儿童时期父母的言行对孩子起着潜移默化的影响作用。孩子通过与父母的接触,内化父母的态度,形成对自己和外部世界的感知。

什么是躯体形式障碍？

在综合医院中，医生经常遇见一些患者诉说各种躯体不适，如头晕、恶心、腹痛等，但各种医学检查却未能发现任何器质性证据。因为找不到病因，这些患者就会反复就诊，成为医疗服务的高消费者，过度消耗着医疗资源。

在儿科患者中，躯体症状或者没有原因的疼痛主诉也相当常见。很多正常孩子都会借由躯体症状表达他们的各种情绪问题，如害怕上学的孩子经常通过头晕、腹痛等来表达他们的焦虑。随着年龄的增长、认知能力和表达能力的提高，大部分孩子都会减少用躯体症状来表达情绪的需要。还是会有一部分孩子过多关注躯体不适，这些躯体不适的主诉持久而且不能完全由器质性原因所解释，往往会变成孩子和父母的主要关注焦点，影响孩子的学习、生活以及社会交往。

儿童躯体形式障碍分为以下几类：躯体化障碍、疑病症、躯体自主神经功能紊乱以及疼痛障碍。

躯体化障碍是一种经多种多样、经常变化的躯体症状为主的神经症。症状可涉及身体的任何系统或器官，最常见的是胃肠道不适（疼痛、打嗝、返酸、呕吐、恶心等）、异常的皮肤感觉（瘙痒、烧灼感、刺痛、麻木感、酸痛等）、皮肤斑点，性及月经方面的主诉也很常见，常存在明显的抑郁和焦虑，为慢性波动性病程，常伴有社会、人际及家庭行为方面长期存在的严重障碍。女性远多于男性，多在成年早期发病。

疑病症是一种以担心或相信患严重躯体疾病的持久性优势观念为主的神经症，患者因为这种症状反复就医，各种医学检查阴性和医生的解释，均不能打消其疑虑。即使患者有时存在某种躯体障碍，也不能解释所诉症状的性质、程度，或患者的痛苦与优势观念，常伴有焦虑或抑郁。对身体畸形（虽然根据不足）的疑虑或优势观念也属于本症。本障碍男女均有，无明显家庭特点（与躯体化障碍不同），常为慢性波动性病程。

躯体形式自主神经紊乱是一种主要受自主神经支配的器官系统（如心血管、

胃肠道、呼吸系统）发生躯体障碍所致的神经症样综合征。患者在自主神经兴奋症状（如心悸、出汗、脸红、震颤）基础上，又发生了非特异的但更有个体特征和主观性的症状，如部位不定的疼痛、烧灼感、沉重感、紧束感、肿胀感，经检查这些症状都不能证明有关器官和系统发生了躯体障碍。因此本障碍的特征在于明显的自主神经受累，非特异性的症状附加了主观的主诉，以及坚持将症状归咎于某一特定的器官或系统。

持续性躯体形式疼痛障碍是一种不能用生理过程或躯体障碍予以合理解释的持续、严重的疼痛。情绪冲突或心理社会问题直接导致了疼痛的发生，经过检查未发现相应主诉的躯体病变。病程迁延，常持续6个月以上，并使社会功能受损。诊断需排除抑郁症或精神分裂症病程中被假定为心因性疼痛的疼痛、躯体化障碍，以及检查证实的相关躯体疾病与疼痛。

儿童躯体形式障碍的病因有哪些？

许多精神障碍患者，如抑郁症患者、焦虑症患者、躯体形式障碍患者以及精神分裂症患者都会出现躯体形式障碍症状。躯体形式障碍患者有一个共同特点，就是对刺激和相应的情绪激活主要采用躯体化反应，其病因也包括生物学、心理和社会因素等多方面。儿童躯体形式障碍表现原因可来自于三种不同的意念：焦虑型、回避型和淡漠型。焦虑型意念可使患者通过躯体症状表现取得看护者关注，回避型意念通过躯体症状表达患者一种情感，淡漠型意念通过有关的评价过低，否认渴望亲近。

遗传因素：躯体化障碍的发病原因还不为人知，但无疑它是一种具有家族聚集性的障碍。一些研究发现，大约20%的躯体化障碍患者的女性一级亲属也符合躯体化障碍的诊断。这种家族聚集性可以受到遗传、环境因素或两者共同的影响。

个性特征及人格基础：一些研究结果表明，女性躯体化障碍患者具有共同的病因，并和反社会型人格障碍之间存在关联，而对男性患者而言，躯体化障碍则更多地和焦虑障碍存在关联。

神经生理因素：躯体化障碍患者的双侧额叶存在对称性的功能障碍。非优势半球前部的功能障碍比后部的严重。躯体化障碍患者优势大脑半球的功能障碍比健康对照和抑郁障碍患者的严重。同时还与以下生理因素相关：①脑干与网状结构的注意与唤醒功能改变。②自主性神经功能改变。③大脑尾状核葡萄糖代谢功能降低有关。

心理因素：信息处理方法的缺陷可能形成躯体化障碍患者及其生物学亲属以躯体不适为突出的主诉，症状无明确定位和病理性赘述。①认知障碍：认知功能全面受损导致产生躯体症状的优势。②述情障碍：青少年不善于表述内心情感，压抑过久，出现全身不适。③潜意识获益：患者通过发泄意识中冲突与矛盾来缓解焦虑与抑郁情绪，通过躯体不适来回避不愿承担责任并取得关心与照顾。④防御方式：许多躯体形式障碍患者用幻想来解决内心矛盾与冲突，用退缩、孤独、回避人际关系来排斥别人，出现各种各样躯体不适或疾病来达到内心平衡。

社会因素：社会因素包括青少年期负性生活事件与童年期创伤经历。如家庭、工作、学习与生活社交等问题。青少年期突发天灾人祸、父母关系不和、父母离婚、再婚、家庭暴力与性虐待、身体虐待等，生物压力改变神经生物系统一直影响基因水平，通过统一机制，使青少年从早期虐待关联到成年期疼痛障碍。有学者提出了躯体化障碍患者的社交模型理论，即患者在家庭中把症状的躯体化作为表达情感（如痛苦）的一种方式，期望从家庭中的核心成员那儿寻求支持和关心。

父母不良的养育方式可能引起躯体化症状吗？

躯体形式障碍给人带来的危害是显而易见的。

首先，具有躯体形式障碍症状的个体因为其无法找到明确的病理原因而反复就诊。在就诊过程中过多地接受检查和诊治，反而增强了医源性暗示与自我暗示，从而加固躯体化症状，花费大量的人力、财力、物力，给个人、家庭和社会造成沉重的经济负担。

其次，躯体形式障碍症状导致社交、职业或者其他重要功能的损害，严重影响躯体化个体的生命质量和生活质量。

此外，躯体形式障碍也严重影响个体的心理健康。从精神分析的角度来讲，躯体形式障碍是潜意识需求被压抑而产生的，当个体习惯于用躯体化的方式来表达和应对时，被积压的情绪得不到适当的发泄，需求无法用正确方式获得满足，久而久之，就会产生各种各样的心理问题。

青少年儿童正处于人格、认知发展与完善的关键时期，躯体形式障碍症状又时常被他们用来作为应对焦虑、逃避学业以及获得关注的手段。如果不能及时发现和处理，对孩子的心身健康会造成无法预料的后果。

有研究发现，躯体形式障碍患者存在人格障碍，但不限于某一种类型，发现被动依赖型、表演型、敏感型在躯体形式障碍患者中较多。大量研究证实，人格特征是躯体形式障碍形成和存在的危险因素之一，躯体化障碍人格表现为外向、神经质，易掩饰自己。

家庭在躯体形式障碍的形成起非常重要的作用，父母的躯体形式障碍，物质滥用和反社会性是孩子躯体形式障碍的诱因。

父母是孩子的第一任教师，儿童时期父母的言行对孩子起着潜移默化的影响作用。孩子通过与父母的接触，内化父母的态度，形成对自己和外部世界的感知。人社会化和人格发展中最重要的影响来自于父母的教养方式和态度，不良的父母教养方式是子女不良人格特征和心理问题的危险因素。

家庭治疗大师米扭庆曾针对患躯体形式障碍症状的患者家庭背景做过研究发现，这种躯体化症状的家庭互动有四大特征：即过度保护、僵化的沟通、刻意避免冲突、界限不清楚。父母本身有童年焦虑症或过度担心儿童的健康或安全，无形中助长加强孩子的依赖心理。孩子无法形成自主能力，可能父母会限制孩子参加外面的活动，刻意要求全家凝聚团结；或者父母在孩子成长的阶段无法调整自己去配合孩子的成长；或者父母在婚姻关系上有裂痕，不求解决，而尽管要求子女改变来弥补婚姻中的缺陷感，因为他们害怕去面对裂痕而使婚姻破裂。所以家庭冲突永远存在，只是隐藏在某一角落而已，也难怪生活在其中的孩子会出现很多躯体化的症状。

躯体形式障碍的心理治疗方法有哪些？

支持性心理治疗：建立良好的医患关系是心理治疗成败的关键。本病患者除诉述众多躯体症状外，还有漫长而无甚效果的就诊经历，令其感到情绪紧张而焦虑。医生要特别耐心倾听患者的倾诉，对患者表示关心、理解和同情；让患者对医生产生信任、对治疗抱有信心。沟通过程中，医生要给患者解释、指导、疏通，使其了解疾病症状有关知识，放下对疾病的思想负担。

在治疗过程中，医生的接触技巧至关重要。患者常表现依赖性、表演性及受到伤害的疾病行为，好抱怨或感到委屈。有的患者沉湎于痛苦中，习惯于对药物的依赖，甚至有的患者对医生带有敌意和威胁，使治疗者处于被动地位或缺乏耐心。医生既要对患者的痛苦表示理解，又要引导患者将注意力集中在既定的治疗目标和已获得的成果上，如睡眠的改善、疼痛的减轻等。要勉励患者将轻微的躯体不适如同正常感知的一部分，并与之和平共处；宜逐渐增加活动量，尽量减少不必要的药物。当药物治疗无效时心理治疗更为重要，主要采取系统、个别的短程面谈的方式，每次至少20分钟，疗程约3个月。治疗的目的在于让患者认识自己的不良疾病行为，分析引发疾病的有关因素，共同寻找解决问题的方法；建立对生活事件及躯体病痛的正确态度。

认知疗法：首先要让患者认识到，虽然病痛是他真实的感受，但并不存在器质性病变，对生命、健康不会带来威胁；要纠正错误的认知，重建正确的疾病概念和对待疾病的态度，学会与症状共存；要转移对疾病的注意，尽量忽视它；并鼓励患者参加力所能及的劳动和其他社交活动。与患者讲清楚不合理信念与思维方式与情绪之间关系，与患者通过不合理思维方式辩论，进而放弃不合理信念，帮助患者用合理思维方式代替不合理想法。可运用森田疗法使病人了解症状实质并非严重，要求患者反复体验，顺其自然，接受症状，带着症状去生活，工作与学习。采取接纳和忍受症状的态度，继续工作、学习和顺其自然地生活，对于缓解疾病症状、提高生活质量可有帮助。

精神动力疗法：精神动力学派认为，慢性心因性疼痛是一种情绪的反应，象征着患者好斗性的升华或失去心爱物的反应，疼痛能使其压抑的内心冲突找到寄托。帮助患者探究并领悟症状背后的内在心理冲突，有助于症状的缓解。

环境及家庭治疗：调整患者所处的环境，对矫正疾病行为、发展健康行为至关重要。医生要协助患者增强对社会环境和家庭的适应能力，鼓励患者努力学会自我调节，尽早摆脱依赖性。指导患者配偶和亲友对患者的正确态度：既对患者疾病和痛苦要给予充分理解和同情，改变消极、冷漠、歧视的态度，又要避免过于渲染疾病和痛苦，不要受其支配，以建立积极、关心、和睦的家庭气氛。

催眠暗示疗法：对某些暗示性较强的患者可以试用此法，一般认为单用催眠治疗效果不大，疗效也不持久。

躯体形式障碍症状常见于哪些儿童情绪障碍？

童年离别焦虑障碍：与主要依恋人分开，如离家去上学时，反复出现躯体形式障碍症状，如恶心、胃痛、头痛、呕吐等。

儿童焦虑症：在儿童时期无明显原因下发生的发作性紧张、莫名恐惧与不安，常伴有自主神经系统功能的异常。年龄较大的孩子的发生率较年龄小的高，大年龄组中女孩较男孩的发生率高。焦虑症时的生理反应现象比较突出，交感神经、副交感神经兴奋所产生的自主神经功能紊乱的症状，如胸闷、心悸、呼吸加速、闭气、血压升高、多汗、口干、头晕、头痛、恶心、呕吐、腹部不适、四肢发凉、腹泻、便秘、尿频、尿急、遗尿、遗粪、睡眠不宁、早醒、多梦等。以上交感与副交感神经活动在焦虑中均可出现，但以前者为主。当焦虑症发作时，交感神经活动增强，肾上腺皮质激素分泌增多，孩子可出现高度的激动状态。在某些焦虑、紧张、恐惧的情况下，甚至有时会发生昏厥现象，这主要是副交感神经活动突然使内脏血管舒张，心跳减慢，血压降低，肌肉张力丧失，大脑血流供给减少而失去意识。

孩子焦虑症的躯体形式障碍表现为在改变抚养环境后变得更好哭，无生气，食欲下降，睡眠障碍，如入睡困难，睡浅，睡眠不宁，易惊醒，夜惊，排泄习惯紊乱等。学龄儿童焦虑的躯体症状表现为不敢当众讲话，回答问题不敢直视对方，面红耳赤，手足无措，出汗心跳，手舌震颤，说话欠流利。

惊恐发作：可有如下躯体不适：心悸、心慌或心率增快、出汗、颤抖，觉得气短或气闷，窒息感，胸痛或不舒服，恶心或腹部不适，感到头昏、站不稳、头重脚轻、或晕倒，感觉异常（麻木或刺痛感），寒战或潮热。

儿童恐惧症：临床表现中躯体形式障碍症状也很突出，主要是自主神经系统功能紊乱的表现：呼吸急促、面色苍白或潮红、出汗、心慌、胸闷、血压上升、恶心、四肢震颤或软弱无力。重者可瘫软在地、昏厥、痉挛或有饮食和睡眠障碍等。

学校恐惧症：孩子在上学日或当日清晨诉说头痛、头晕、腹痛、腹泻、呕吐等不适，有时在上学头一天晚上就表现腹痛。但以上症状在节假日不出现，往往在星期一出现而称为"星期一的病"。为达到不上学的目的，起初可借头痛、腹痛或食欲不佳、全身无力等诉说企图得到父母的同情允许暂不上学。以后每当父母令其上学则会哭泣、吵闹、焦虑不安，若逃脱不了被父母送到学校教室，表现畏畏缩缩，低着头走到自己位子上坐下，不与同学打招呼。上课时提心吊胆、战战兢兢，不敢正视老师，怕提问，若被提问，面红耳热、手心出汗、心慌意乱，或只站立不回答问题，或口齿不利、结巴重复。

儿童癔症：临床表现多种多样，可表现为躯体形式障碍及意识改变：躯体形式障碍多见于神经系统症状和运动功能障碍。

特殊儿童心理

有的特殊儿童渴望情感交流与表达，当这种心理需要被听力障碍或言语障碍所影响又被周围的人忽视这种需求时，就会有较明显的固执、任性表现。

肢体残疾孩子的心理特点是什么？

为了提高肢体残疾孩子的生活质量，我们就必须了解他们的身心特征和特殊需要，这样才能更有针对性。对于肢体残疾的儿童来说，由于残疾的原因、程度不同，心理特征也显示出较大差异。

情绪障碍： 肢体残疾儿童参加社会实践活动受到限制，活动经验少，影响情绪和个性的健康发展。重症肢体残疾孩子只能待在家里。轻度肢体残疾孩子可入学，但因体力和运动能力有限，易受他人讥讽、歧视，常悲叹"生活不公平"，有抑郁、苦闷、恐惧、厌恶等情绪和退缩、孤独等行为表现。肢体残疾孩子的情绪稳定性差，表现出好发脾气、易激惹的特征。有的孩子由于不能参与集体活动，表现出情绪低落的抑郁症状。随着年龄的成长，有的孩子没有很好地对自己的躯体状态有良好的认知，形成了敌对的态度。

任性： 由于家庭和学校的教育，家长和老师的怜爱，生活上的过度保护和迁就，很多肢体残疾孩子依赖性强，意志薄弱，缺乏主动性，容易接受暗示，脾气固执，甚至骄横，不善与人合作。

自卑感强烈： 因为失去了正常生活和游乐的能力，面临残疾给学习、生活带来的巨大困难，有些孩子对外界刺激敏感，加上不合时宜的怜悯，就可能引发严重的自卑感，认为自己处处不如人，严重压抑自身的才能和创造性发挥。这些孩子往往暗叹命运之神太不公平，为什么把不幸留给自己。他们在羡慕其他孩子的同时会认为自己不幸，许多该做的事情做不来。

自卑感是一种对自己的能力、品质评价偏低的自我意识，它往往带有强烈的自我贬抑性的情绪色彩，因而又被称为消极的情绪性意识。自卑感一旦形成，就会影响学习、工作和人际交往。自卑感强烈的人，遇事往往怀疑自己的能力、知识、经验和才华，或者稍遇困难就打退堂鼓，对那些本来稍做努力即可完成的任务也固执地认为无法办到。有自卑感的人精神活动受到严重的束缚，聪明才智和创造能力被压抑。

肢体残疾孩子的父母该怎么做？

肢体残疾孩子在成长过程中始终需要特殊的照顾和治疗。重要的是，与其他的孩子一样，肢体残疾孩子必须得到自然的对待，特别是父母更应如此。即使有严重的缺陷，肢体残疾孩子一样可以快乐健康地成长，并从小的时候起就应该有学习、社会交往的公平机会。

面对与接纳：许多肢体残疾孩子的父母通过不断适应，可以有相对健康的家庭生活，同时，这也是常人无法想象的艰苦的过程。例如，有的家庭抚养一名患有严重大脑性麻痹的重度残疾孩子，其残疾严重性使孩子无法交流、活动或玩耍，无法在没有帮助的情况下移动，无法清晰地说话，并且还可能有智力迟钝。这很艰难，但家长必须面对现实，孩子将终生需要全天的照顾。家长应首先调整自身的心态，千万不要被"倒霉""命苦""不幸"这些话占据头脑。如果家长顾影自怜，还怎么激励孩子奋勇拼搏？残疾孩子的命运掌握在父母手里。对大多数肢体残疾儿童的父母，不要在孩子面前表现出过分担忧。父母哪怕是担忧、愤怒、怜悯的表情，都会对孩子乐观个性的形成产生反作用。父母不要因为孩子残疾争吵，这是许多残疾孩子的父母一不小心就犯的毛病——拿残疾当导火索，互相埋怨对方。残疾孩子需要的是极度自制的父母，真正地"爱"你的孩子，没有条件。

诚实的态度：由于身体有残疾，通常这类孩子家长比一般的家长付出了更多的辛劳，也承受了更大的压力。家长不愿让孩子承受这种压力，甚至出现了这样一幕：当别人用异样的眼光看着残疾孩子时，孩子大叫"奶奶说了，只要听话，以后会长出来的呢！"这样的谎言对孩子是残酷的。这些影响可能发生在以后的生活上，当孩子成长的可以识别出这些谎言的时候，带来的就是幻想破灭。对孩子的状况持实事求是的态度很重要，这说明家长的内心深处接受了孩子的残疾的现状，就不会总是希望他并不残疾，或是过分保护他。实事求是地告诉孩子病情，会对孩子生活、未来产生正面影响。

独立的精神： 有的家长过于关注孩子的残疾及治疗，以至于忽视了孩子的其他方面。其实首先孩子是一个发展中的个体，正确地看待孩子：他没有什么不同，或许只在很少的地方需要帮助，有些事情他能够通过自己的适应发展出一套适合自己的生活方法。对残疾孩子认真呵护是必要的，但应该适度，努力培养孩子的自信心和自理能力。大量研究证明，器官某一侧功能受损后，健侧往往出现代偿性超常发展，不同器官会出现互补。因此，应相信孩子经过康复训练可获得最大限度的补偿。家长的代劳或许就剥夺了孩子成长的机会。

健康的人际关系： 支持残疾孩子参加各种群体活动，不要因为行动的不便，减少孩子的户外活动。集体活动不但可以开阔孩子的视野，丰富生活内容，更重要的是，会使孩子学会交往、学会参与，增长适应社会的本领。残疾孩子需要朋友，过度保护只会减少认识新朋友的机会。即使用轮椅推也要经常和孩子到户外散步，让孩子和小朋友交流、游戏等。

共同参与： 从一开始整个家庭就要参与进来，不仅是父母，爷爷奶奶，兄弟姐妹都要共同面对。有的残疾孩子父母会拥有第二个健康的孩子。怎么抚养两个不同特点的孩子，成为了父母重要的课题。这意味着你必须对其他的孩子诚实，因为他们将必须作出牺牲，不得不面对拥有一名严重残疾兄弟姐妹，必须热心照顾他这一事实。整个家庭需要协调而健康的运转，学习如何照顾残疾的孩子，还需要培养他们自己的安全感和自信心。家中的健康孩子需要特殊的关注，以使他们不致感到自己因残疾的兄弟姐妹的存在而被忽视或牺牲了。

盲童的心理特征是什么？

失明给孩子带来的直接后果是不能通过眼睛感知世界，由此间接地影响了孩子心理和行为的发展，使得盲童与普通孩子相比有一些特殊的心理和行为问题。

恐惧： 盲童不能确定周围环境有哪些事物，会出现什么人，发生什么情况，因而害怕受到未知事物的伤害、攻击，产生不安全感。许多盲童到了陌生地方会紧紧抓住亲人不放手，一旦亲人不在身边就惊慌失措。即使在熟悉的环境里，盲童也会经常感到恐惧不安。

焦虑：情绪焦虑是在盲童身上经常表现出来的一个特点。盲童因为看不见，独立活动能力差，面对不可知的纷杂外界，心理上有种弱小、无奈的感觉，迫切渴望在别人帮助下满足某种需要，一旦需求得不到满足，就会表现出焦躁不安，甚至大声哭喊。正因为看不见，盲童难以形成秩序感，做起事来不知从何处入手，感觉外部世界乱糟糟的，也就难免产生急躁情绪了。

抑郁：盲童无法亲眼看见五彩缤纷的大千世界，好奇心难以满足，不能像普通孩子那样奔跑、玩耍、游戏，只能长时间在有限的空间里，在黑暗中过着单调、沉闷的生活，情绪低，情感体验消极、单一而肤浅。年长的盲童通常觉得自己在家中没有一点用处，是家庭的包袱，对不起家人。长期抑郁的盲童认识不到自己的能力，不相信自己能学有所成、学有所用，总感到生活没有意义，最严重的盲童以自我伤害等方式弥补自己的"罪过"，还会有轻生、厌世的想法和自杀行为。

自卑：盲童很在乎别人怎样看待他们，表现出一种过度的自尊。他们很忌讳别人对其生理缺陷的嘲笑、捉弄、歧视，甚至是一些不合时宜的怜悯。如果长期被人另眼看待，盲童会形成强烈的自卑情绪，认定自己确实各方面都无能。

孤独感：盲童独立活动能力差，行动受限制，又无法看到自身行为的结果，因而总是显得很被动，害怕接触新环境。盲童不能通过视觉进行有效的学习和模仿，不能用合适的身体语言与人沟通，这影响了他与别人的交往。如果家人一味害怕孩子出意外或怕丢人而一直把他们限制在范围很小的环境中，不但妨碍了孩子活动能力的发展，在心理上也更容易使孩子养成退缩、被动、胆怯等自我封闭的倾向。有的盲童经常处于紧张状态中，怕他人讨厌自己，怕给别人添麻烦，因而不得不长期把自己关在家里。

敌对：有些盲童家长在生活中的各方面给予孩子无微不至的照顾，处处偏爱，结果很容易使盲童形成事事以自己为中心的习惯，只考虑自己的要求是否得到满足而不为别人利益着想。与他人发生矛盾时，这样的孩子总以为自己对，自己受委屈了，别人应该让着自己。在对待自己与普通人、自己与社会的关系上，这类孩子认为自己因为残疾而应享受某种特权，应受到特殊照顾。有少数盲童认为自己的失明是由于父母或家人对自己照顾不当、母亲孕期服药或是治疗不及时所造成的，父母应该对自己的失明负责任，因而他们对家长产生怨恨情绪，乃至迁怒于周围的人，甚至引发强烈的、失去理智的攻击性报复行为。

多疑：盲童由于视觉的缺失，感知事物不完整、不准确，无法获得全面的信息，因此免不了猜测的成分。盲童活动少，静处思考问题的时间多，也更容易产生怀疑。因为观察事物具有主观性、片面性，盲童先入为主，不易更改。随着年龄增长，由于处理能力差、盲童比普通孩子更担心自己受到伤害，因而在对别人的猜测中，就容易产生是否对自己构成威胁的怀疑。

依赖： 有些盲童家长由于自己的内疚感，不愿让孩子过早、过多地承受生活的压力，对盲童过分溺爱，怕他们吃苦，事事包办代替，这样就限制了孩子生活自理能力的发展。因为不能独立处理生活中遇到的问题，不能承担必要的责任和义务，盲童形成处处想依赖别人的心理，养成衣来伸手、饭来张口的生活习惯，以致成年后缺乏生活自理能力。不光是有困难的事，就是一些很容易、力所能及的事，他也不愿亲自去做，总想让别人为他做。依赖心理的存在，使盲童很难形成自立、自强的观念，削弱了孩子克服困难的勇气和学习的积极性，也容易使他们形成懦弱的性格。依赖性还会使盲童在认识事物、分析问题时没有独立思考的习惯，别人说怎样就以为是怎样。

异常姿态和动作行为： 失明使孩子看不到别人的姿态、动作，因而难以自然模仿。如果盲童周围的人不对其加以指导、纠正，盲童往往只凭自己感觉舒适使自己处于放松状态。长期如此即容易造成低头、驼背、脊柱侧弯等畸形体态。许多家长怕盲童受伤害而不让他们走出家门，甚至有的孩子在自己家里也不能自由活动，被限制在一个很小的空间里，身体长期得不到活动，不但身体动作不协调，连基本的坐、立、行走的姿势也是异常状态。

社交能力的欠缺： 多数盲童被长期关在家里，很少接触外界。因此，他们生活的空间很小，接触的人很少，缺乏与人交往的经验。失明也使孩子看不到社交的场面，难以自然地模仿、学习人际交往中的礼节，特别是在体态、表情方面，容易给人不合乎人之常情的感觉。盲童入学后，面对陌生的同学和老师可能产生压力，言行上也会不知所措。一些普通人由于盲童的异常的姿势和怪异的动作，会对盲童采取躲避的态度。这就使盲童丧失了一些正常交往的机会，同时对他们的自尊自信也是个打击，降低与他人交往的愿望。

以上所述是盲童的一些常见的心理和行为问题，但并非每一个盲童都会出现这些问题。盲童的各种心理和行为问题有多方面的原因，由于年龄、失明时间、家庭环境的不同，盲童的心理和行为问题存在明显差异。

盲童的父母该怎么做？

无条件地爱孩子：爱孩子，并把这爱明确地表达给孩子。对盲童来说，要多用语言和身体接触来表达，告诉他："爸爸妈妈和所有的家人都不会因为你看不见而不爱你"。盲童不能准确地知悉出对方的情绪，会造成诸多误会，所以要明确说明自己的情绪，"我很生你的气""我真为你高兴"，等等。爱是无条件的，避免对孩子说"如果你不听爸爸妈妈的话，爸爸妈妈就不爱你了""你要是不好好学习，就对不起我们"，等等。此外，因为孩子眼盲获准生育了另一个健康孩子的家庭，更要注意这一点。要让盲童知道，不会因为弟弟妹妹的出生就改变爸爸妈妈对他的爱，爸爸妈妈总会在他需要的时候站在他身边。

培养孩子独立的精神：不能因为爱而代替孩子来生活。有些父母因为孩子看不见，害怕其摔跤、磕碰、被欺负、在外受歧视等，随时把孩子拴在身边，什么都不让他尝试，一切都为之代劳，为其做什么都理所当然。这样，孩子就失去了发展的机会和成长的空间，结果，盲童的生活技能和社会能力严重萎缩。孩子总要独立生活，在培训独立生活技能的过程中，吃一些苦头是必然的、逃避不了的。过度怜悯和爱，反而是害了孩子。盲童生活在黑暗之中，生活、玩耍、游戏的不便以及强烈的人际交往的需要，使得他们更易为人们所怜悯与关注。对盲童的同情之心可以理解，但是过度的提供帮助，那样将会适得其反。

因材施教：在盲童的成长过程中，要时刻注意发现他的特长，视力的缺失可以使听力、嗅觉、味觉、触觉得到更大的补偿，超乎常人的发展可能就是孩子以后专长的生长点。很多盲人音乐家不就是这样很好的例子么。根据盲童的特点因材施教，不仅能够让盲童将来"有饭碗"，更会让他有一份喜爱的事业，培养一个健全的人格，有着幸福的人生。

聋哑孩子心理特点是什么？

儿童时期的学习活动很大程度上依赖听说的能力。在学习的过程中，听力言语上的障碍会给孩子带来明显的困难，有可能对他们的心理和行为产生不利的影响。因此，家长必须认识到聋哑儿童心理健康发展的特点。

形象思维发达，观察力敏锐，想象力丰富：聋哑孩子听力下降，甚至丧失，他们和别人的交往不是依靠眼和耳，而是靠手势。这类孩子的形象思维非常发达，而逻辑思维和抽象思维就相对地受到影响，尤其是先天致聋的孩子。但是由于代偿性的发展，聋哑孩子的视觉十分敏锐，形象思维发达，观察力极为敏锐，想象力也极为丰富。

情绪发展障碍：聋哑孩子由于听力障碍的影响，不能接受语言，语音、语调等信息，对外界事物的认识和人际沟通方面有着明显的缺陷，视觉在聋哑孩子的沟通过程中起着至关重要的作用。这类孩子常常集中精力用眼睛来观察，因此常常表现出异常安静或缄默的状态，有时给周围的人反应迟钝的感觉。这时候，周围人鄙夷的表情和眼神挫伤他们的自尊心。交流的缺乏容易使聋哑儿童以自我为中心，这类孩子很少考虑他人的利益、处境、心理感受。与普通孩子相比更易情绪低落，有的会有退缩、自卑等情绪。由于听力言语上的障碍，有时表现出极度的焦虑、暴躁、情绪极端不稳定的情形。

依赖性强：由于从小的精心照顾，很多聋哑孩子对家长和教师有很强的过分依赖心理。有的孩子渴望情感交流与表达，当这种心理需要被听力言语障碍所影响，周围的人又可能忽视他们的这种需求时，可能会有较明显的固执、任性等表现。相对普通人而言，这些心理问题多数反应为品行障碍，看问题片面化、绝对化、极端化，对正常人世界存在着抵触、防御，甚至仇视，表现出较强的攻击、破坏、报复心理。

人际交往困难：聋哑孩子渴望情感交流与表达，听力言语障碍会妨碍他们的人际交往，难以交朋友。在生活交往中，这类孩子害怕见陌生人，更倾向于选择其他聋哑孩子作为玩伴,不愿和普通孩子交朋友,生怕别人嘲笑,容易产生自卑感、缺乏自信心、爱冲动且容易发脾气。有的聋哑孩子可能会被认为是智力低下,容易受到歧视。

学习障碍:随着身体的成长和发育,对有限听力的聋哑孩子来说,怎么学会像普通人发音就成了难题。发音不准,构音困难容易致人耻笑,当成长到学龄期,这类孩子所面临的最大问题还是语言学习,在学习中会出现词汇贫乏,加之他们在学习中需要非常专注地聆听和观察,容易出现疲劳、注意力涣散等现象。这些困难很容易使聋哑孩子在学习过程中失去兴趣,不能专心听讲,甚至厌学。

聋哑孩子的父母该怎么做?

教育不分贵贱:有很多家庭一发现孩子是聋哑孩子,特别是贫困家庭,认为抚育这样的孩子,让他们吃好穿好,有书念就已经不错了。对这样的孩子感情淡漠,孩子成才与否,家长往往不会关注,甚至认为他们注定不可能成才,积极希望再生育一个健康的孩子。生活在这样的家庭里,聋哑孩子的心理发展极易产生怨恨和扭曲。对于聋哑孩子来说,首先是需要无条件的爱和公平的发展空间和机会。但是,反之也意味着避免溺爱和无条件的迁就。将他们当作与自己平等的有独立性的个体,尊重他们,信任他们,理解他们,积极主动地与他们沟通,不剥夺他们发展的机会,促进健全人格的发展。

平等和尊重:家长应该给聋哑孩子创造一个和谐、温馨的家庭环境,学校和社会应该为聋哑孩子提供必要的保障和学校生活,平等与尊重是聋哑孩子自尊自爱的基本要求。以和蔼的态度、亲切的微笑、友善的举止来表达和对待每一位聋哑孩子,在心里真正做到不厌恶、不歧视,像对待普通孩子一样,使他们真正感受到人与人之间的温暖,让他们从内心深处得到和正常人一样的平等与尊重。

超越交流的障碍:言语和听力在人们的交流中占有主要的地位,但是除此之外,书面言语和手语的交流也可以是聋哑孩子和普通人之间的纽带,计算机辅助技术的高度发展,可以让"字"发声的技术已广泛的应用,短信的交流也可以缩短聋哑孩子和普通人之间的距离。除了技术上的障碍,还有心灵上的壁垒,同其

特殊儿童心理 | 215

他孩子做游戏，进行户外活动，不要因为听力言语的障碍而放弃交流的需要。记住，只有社会性的交往才会有健全的心理发展，除了言语交流以外，人们可以有很多方式交流，一颦一笑，拥抱挥手，其实即使是正常人很多时候也在使用这些躯体语言。

糖尿病孩子的心理和行为特点有哪些？

情绪障碍： 当一个前程似锦、求知欲旺盛的孩子在得知糖尿病将终身伴随自己时，沉重的打击使孩子极易产生消极的心理而引起多种情绪反应，如情绪低落、焦虑、恐惧、易激惹等，乃至认为前途渺茫，自暴自弃，不配合治疗等。不断的抽血、打针、静脉滴注使有些孩子对医院陌生的环境和身穿白大褂的医护人员产生恐惧感。有些家长因为孩子患病惊慌失措，紧张恐惧，到处投医，家庭的这种紧张气氛更加重了孩子的心理创伤。有医学研究说明1型糖尿病儿童青少年是发生行为问题的高危人群，需要给予足够的重视。行为问题的表现除了适应性障碍以外，社会交往退缩也是常见的情形。这些心理问题又会影响糖尿病的病情控制，从而形成一种恶性循环。要想打破这个恶性循环，仅凭药物是远远不够的，还必须与积极、有效的心理干预及社会支持相结合，才能使糖尿病孩子能像正常儿童一样健康成长。

饮食与运动量： 爱玩好动是儿童的天性，各种年龄的儿童饮食量均难以掌控，年龄小的孩子更喜欢吃零食。不少家长在给孩子制订饮食计划时，能量大大超标，因为他们担心孩子吃不饱，长不高，所以他们不遵循医务人员的饮食指导，盲目给孩子加餐、吃零食，导致孩子血糖达标困难。学龄儿童白天在学校，有些孩子还需要在学校吃午餐，学校做到单独为这些孩子提供糖尿病饮食通常是有困难的，这使孩子难以按医生的要求实施饮食管理。此外，孩子运动量难以控制，胰岛素日使用量变异大，稍有不慎，就可能发生低血糖或高血糖。儿童好奇心重，求知欲强，可能对胰岛素注射装置好奇而发生误操作，导致胰岛素用量的过多或不足，从而导致血糖的不稳定，过高和过低。此外，儿童糖尿病主要为1型糖尿病，胰岛B细胞功能衰竭，需终生注射胰岛素，一旦停用胰岛素，则会诱发酮症酸中毒。由于儿童自控能力差,可能偷偷喝含糖饮料,这会诱发酮症酸中毒,若得不到及时救治,可能会危及生命。

认知和学习记忆缺陷:对于认知功能的研究发现,患有糖尿病的孩子存在信息处理和接受方面的缺陷,因而不同程度地存在学习记忆方面的问题,特别是那些早期发作和有严重低血糖病史的糖尿病孩子尤其严重。对新近诊断为糖尿病孩子进行研究发现,反复发作的血糖波动均影响到儿童的学习记忆功能。对确诊为糖尿病孩子进行连续6年的神经心理功能研究发现,这些孩子的智力指标、集中注意能力、信息接受处理速度、长时程记忆功能和操作执行能力均明显低于正常对照孩子。发病越早,这些缺陷越明显。有低血糖症反复发作的孩子总体智力水平显著低下。因此,血糖的控制对孩子的认知发育有着重要的作用。

糖尿病孩子的父母该怎么做?

改变观念:很多陈旧的认识影响着糖尿病的治疗,甚至影响孩子的生命质量和未来,因此家人对疾病正确的认知可以改善孩子的健康状况,也可以促进孩子的心理健康。特别值得注意的是,很多父母在得知孩子被确诊为糖尿病之后,同样出现了心理问题,大约1/3的妈妈有显著的沮丧和消沉情绪。所幸的是,母亲出现的这些心理适应问题绝大多数都能在孩子确诊后1年内得到解决或缓解。相对来讲,多数父亲能坦然接受现实,较少出现心理障碍问题。家长恶劣的情绪和不科学的饮食、运动管理以及错误地使用胰岛素及相关降糖药物一样都会造成糖尿病孩子病情的恶化,继而引起生命质量下降。长期坚持良好的血糖控制可以改善孩子的生命质量,通常血糖控制良好的孩子不认为自己比健康的同伴生活得差。改变观念,糖尿病孩子完全可以和普通孩子一样的学习和生活,只有一点不同,那就是身体里少了一些胰岛素,需要在饭前补充一点。

正确告知:在告知孩子确诊糖尿病的关键时刻,也是实施心理和行为干预的最佳时机。儿童糖尿病患者年龄不同,掌握知识的程度不同,对疾病的认识、理解力不同。孩子常常饮食量和活动量不固定,低血糖就更常见和更严重,因此首要的教育就是对低血糖的预防、识别和处理。学龄儿童除了上述知识外,重要的是根据学校的课程进行饮食及运动的调整，尽量不吃大锅饭。青春期的孩子则由于自身生长发育的特点，更重要的是提高他们的自信心，加强他们自我管理的能力和责任感，学会胰岛素的注射和血糖监测的方法，在运动前后适当加餐并增加血糖监测次数，防止发生低血糖。了解饮食、运动、情绪变化与血糖波动的关系，让孩子自己成为"小医生"管理好自己。合理调节控制饮食，以减少胰岛负担，促进胰岛功能恢复。但是，在孩子还没有充分而成熟的认识时，父母过早地允许并依赖孩子的自我控制，将导致一系列问题的发生。对糖尿病孩子教育的重点在于"饮食管理"，为每个孩子制订的食谱，并尽量使食物品种多样化，这样才不容易厌倦，才能长期坚持下去。

积极应对：研究显示，糖尿病孩子承受的生活压力越大越不利于血糖的控制。血糖控制不良的孩子更容易采取习得性无助的应对方式。他们往往由于痛苦与无奈的折磨，从而产生一种对世界和环境绝望的心态，对困难往往采取回避的方式。相反，那些血糖控制良好的孩子却能采取积极的心态去治疗疾病。不良的应对方式也与糖尿病的治疗依从性有关。因此，鼓励孩子积极参加集体活动，与病友互相交流如何控制好病情的体会，增强战胜疾病的信心。此外，要学会低血糖的早期识别与急救方法，并随身携带一些糖果或零食。当孩子出现饥饿感、虚弱、出汗、心慌等症状时，提示出现低血糖反应，应马上补充含糖食品或饮料。另外，由于患有糖尿病，孩子小便频多，再加上运动出汗失水，孩子上学时还要把水备足，以便及时补充水分。在糖尿病治疗期间父母只要多尊重孩子，以鼓励为主，给孩子一个成长的自由空间，就能顺利地帮助他们度过这个成长的关键时期。

先天性心脏病孩子的心理特点有哪些？

先天性心脏病是儿童期最常见的心脏疾病。它不但影响了孩子的躯体健康，对孩子的心理行为问题更显重要。

先心病孩子的智能发育：孩子的智能发育决定于遗传、环境、营养及躯体疾病状况等诸多因素。医学研究显示，先心病患儿早在2个月时就出现发育落后，尤其是伴有紫绀的孩子，其智能发育往往落后于同龄健康儿童，主要表现在大运动、感知、视觉及总智商的低下。这类孩子可出现语言功能障碍和学习障碍，多数孩子的智商在正常低限。尽早的手术治疗可消除和改善疾病对智能的损害。因此，导致先天性心脏病孩子智能损害的因素应包括疾病类型、严重程度、并发症，而更重要的是先天性心脏病作为一种可早期诊断的、能危及生命的慢性疾病，对孩子日常生活所造成的影响，限制了先天性心脏病孩子智能发育，这些限制包括活动能力的限制、父母的过度保护等。

情绪和行为问题：先天性心脏病较普通孩子有更多的住院经历和特殊的疾病体验，即使得到手术纠治，也会较普通孩子具有更多的情绪和行为问题。这些情绪和行为问题往往在学龄前期即可表现出来，经手术治疗的复杂性先天性心脏病儿较普通孩子更易退缩、有较多社交问题，更少参与集体活动。先天性心脏病中紫绀型易出现更为严重情绪问题，包括莫名的恐惧、焦虑、抑郁以及违纪行为。由于疾病的严重往往伴有父母焦虑的加重，因此，父母，尤其是母亲的过度焦虑对先天性心脏病孩子的影响更应引起重视。

自我意识和社会适应：大约有1/3先天性心脏病孩子在学龄期因为健康问题不能正常上课，经常的缺课或休学，这使孩子通常要在家中请家庭教师单独辅导学习，让孩子感觉孤立。另外，身材矮小、手术伤疤、紫绀和精力不足也使孩子觉得自己和其他孩子不一样、不正常，在与同伴交往上发生困难。男孩由于经常遭到同伴的取笑难以加入同伴的活动，感觉自卑。女孩虽存在同样的问题，但和同伴的交往尚好。面对学龄期所遭遇的孤立和排斥，先天性心脏病孩子通常将自己的感受深埋在心，装得若无其事，大多数这类孩子专注于学习以证明自己是一个合格的学生，甚至在出现并发症时他们也努力完成学业。

亲子关系及对家庭的影响：先天性心脏病孩子自出生后就对亲子关系产生了巨大影响。由于疾病的原因，孩子早期通常和母亲隔离，在喂养上很难做到母乳喂养，这影响了亲子关系的正常建立。反复的住院和康复治疗，在社会支持不好的家庭中，孩子常常感觉到孤独和无助。

先天性心脏病孩子的父母该怎么做？

先心患儿诊断时父母的心理问题：初为人父母的喜悦，会被孩子先天性心脏病的诊断书冲刷得消失殆尽。恐惧、焦虑、抑郁充斥着年轻的父母的心，如何治疗和养育这样的孩子，成了首要的问题。这时候，他们通常手足无措，无助失望感自然而生，唉声叹气、怨天尤人，慨叹命运的不公时会忽视孩子的心理感受。父母应该尽快接纳现实，接纳上天不完美的礼物——一个孩子，是父母走出心理问题的第一步。

先天性心脏病孩子术前心理问题：家长对先天性心脏病孩子在术前除了在饮食与活动方面给予悉心照顾外，还要在心理上给予足够的重视。既不能因为心脏病而对孩子过分宠爱，养成孩子任性、以自我为中心的个性，也不能认为孩子有心脏病而降低要求，使孩子产生自卑和胆怯心理。先天性心脏病，尤其是紫绀型先天性心脏病，由于疾病随着年龄的增长日益严重，孩子不能像普通孩子一样生活，这种特殊环境，影响孩子的心理发育。大多数父母对先天性心脏病孩子过分保护和溺爱，容易降低和挫伤孩子的自信心，从而增加了恐惧感。受溺爱的儿童变得过分依赖父母，社会适应能力低下。

先天性心脏病孩子术后心理问题：在手术矫治后，更要重视孩子心理的康复。在孩子病情稳定，心功能满意的状态下，应逐渐增加孩子的活动量和活动范围，让孩子多接触同龄孩子，通过玩耍建立正常的人际交往关系，消除孤独心理。父母教育方式上要多采用鼓励式，让孩子多做些力所能及的事，提高孩子的独立生活能力和社会适应能力，使孩子在开朗、愉快的心境下生活。